これでばっちり！

# マンションDIY・リフォームを楽しもう

赤尾宣幸・竹嶋健生 著

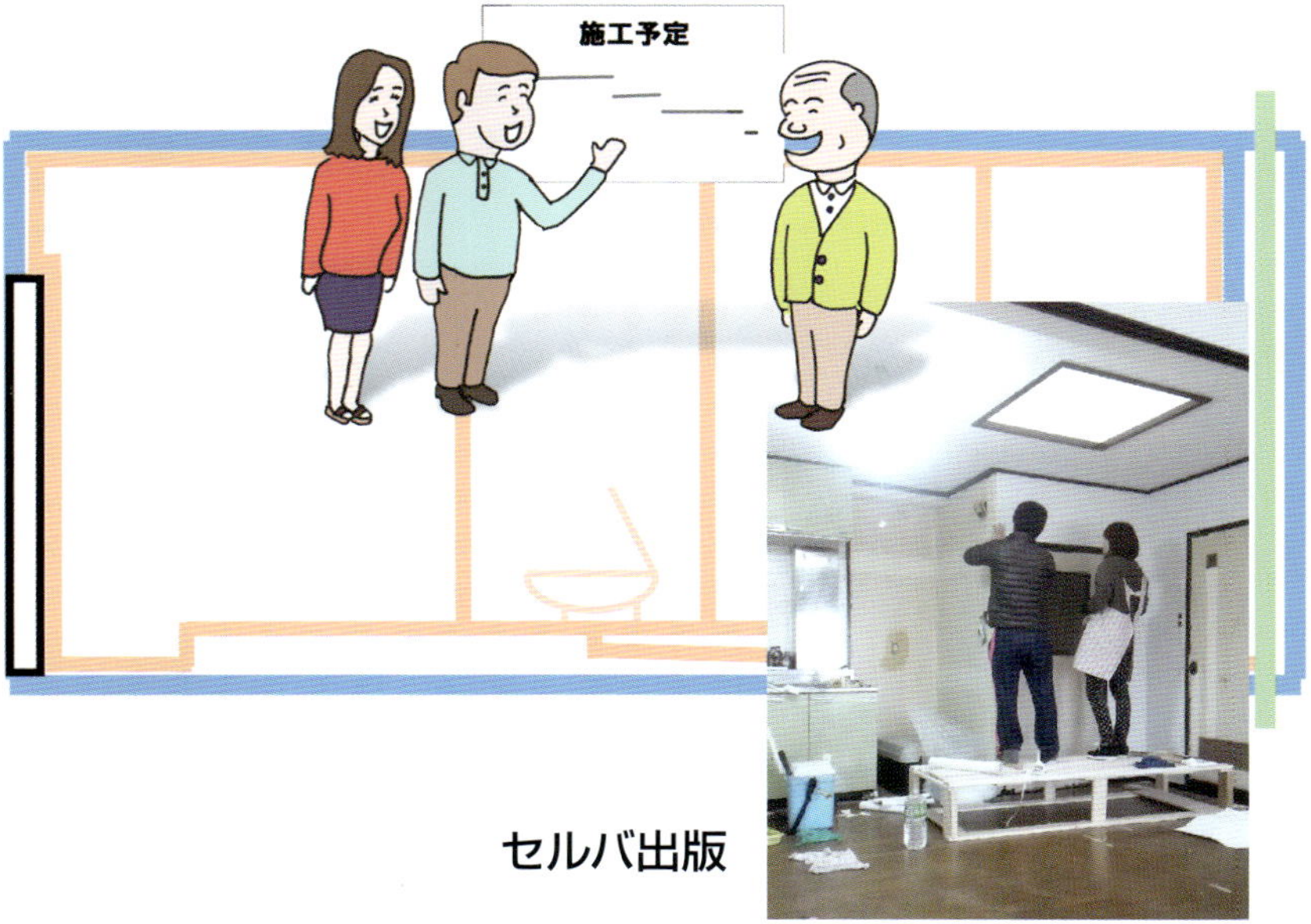


セルバ出版

## 〔図表 1　専有部分と共用部分〕

・天井、床及び壁は、躯体部分を除く部分が専有部分。
・玄関扉は、錠及び内部塗装部分が専有部分。
・窓枠及び窓ガラスは、専有部分に含まれない。
・専有部分の専用に供される設備のうち共用部分内にある部分以外のものは、専有部分。
（パイプスペース・メイン配管などの共用部分内にあるものは共用部分、その外側は専有部分）

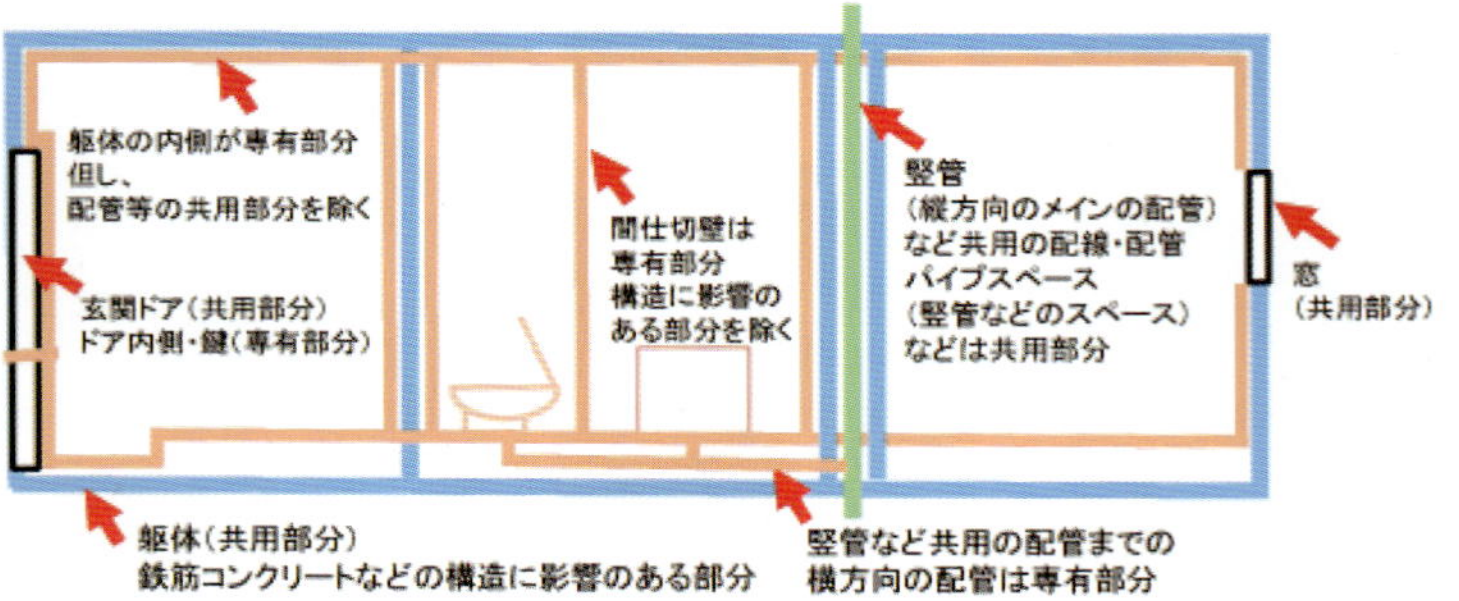


## 〔図表 2　襖にクロスを貼る〕

壁との一体感がでる。

〔図表３　カッティングシートとＣＦシート直貼り〕

・カウンターの部分にピンク色のカッティングシート貼り。

・床はＣＦシートをフローリングの上に直貼り。

・劣化した窓枠下部にワンバイ材を取り付け塗装。

・浴室の柱の凹みはパテ仕上げ後カッティングシート貼り。

・給湯器にはラックを取り付け装飾。

・電熱式コンロは撤去し２口のＩＨを設置。

・水栓の自在パイプ更換。

〔図表４　手すりの取り付け〕

間柱の位置（写真のオレンジの線部分）がちょうどいい場所にない場合は、ワンバイ材などで手すりを取り付ける板を取り付け、その板に手すりを取り付ける。

この手法は棚を取り付ける場合にも応用できる。

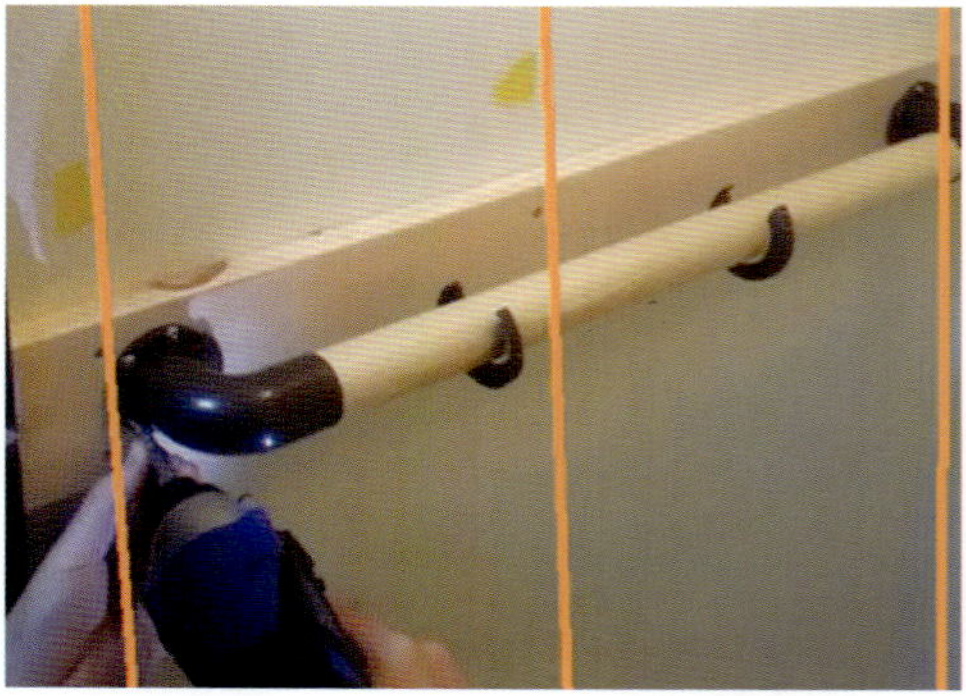

〔図表５　古くなった給水管・ガス管〕

20 ～ 30 年で内部が腐食。継ぎ目を中心に劣化が進む。管の外側まで腐食が進むと漏水へつながる。

〔図表６　棚をつくる〕

・間柱に四角に組んだワンバイ材の枠をねじ止め。

・ワンバイ材枠の上に合板を貼って棚に。桃色線が間柱の位置。黄色矢印はワンバイ枠の補強材。

・水色矢印はタオル掛け。
赤矢印はカーテンレールを使ったハンガー掛け。

・クロスを貼って仕上げた。

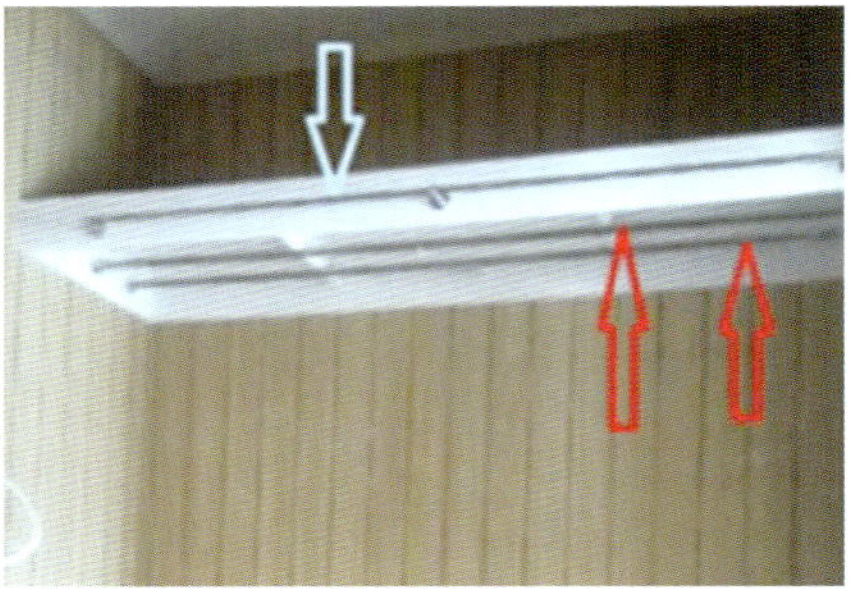

〔図表７　引き戸ガラス交換〕

・ガラスをポリカーボネイトに換えると開閉がスムーズになる。
ガラスのように割れる心配がない。

・併せて塗装も実施

・施工後の写真→
右側の引き戸は反対向きにして撮影

〔図表８　和室の洋室化（階下への音の配慮が重要課題）〕

・畳を撤去し根太を入れる。（根太はワンバイ材を２枚重ねて使用）
・根太の下にゴムパッキンを入れ音を緩和。
・隙間にはグラスウールを入れ音を緩和。
・合板を貼ってパテで平滑にし、ＣＦシート貼り。

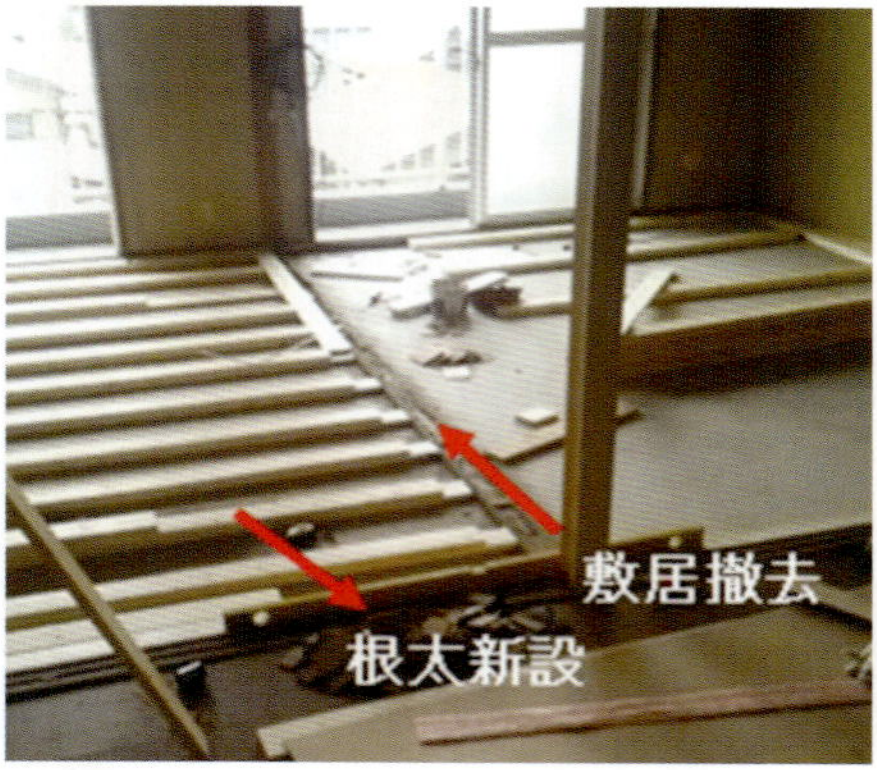

〔図表9　引き戸塗装〕

汚れて黒ずんだ引き戸。
水性ペンキで塗装するだけでかなり違う。

〔図表 10　洗面台交換〕

・シャワー付のシングルレバーに交換。

・右下の写真は洗面台撤去したところ
　化粧合板に段差があるのでパテ埋め。

・脱衣所なので湿気対策のためペンキ
　仕上げとした。

〔図表 11　ドアにクロス〕　凸凹はパテで補修してクロスを貼る。

〔図表 12　ミラーへのカッティングシート貼り〕

- 縁がくすんだミラーカッティングシートを貼った。
- 上部の照明カバーはなくなっていたのでブラインドタイプのポリカーボネイトを付けた。

〔図表 13　トイレのリフォーム〕

便器交換＋見切り板
（タンク上部あたりの全周の板）
・下部は防汚クロス。
・上部は珪藻土。
・棚新設。

〔図表 14　トイレのクロス貼り〕

・昭和 56 年ころは化粧合板が流行。
・左の写真は右から施工中
　クロスを貼るとイメージが変わる。
・床のＣＦシートも貼替え。

〔図表 15　割れたタイル〕

タイルを貼り換えてもいいがステンレスのカバーと調味料棚をつくって隠し、機能を向上させた。

〔図表 16　寝室〕

隣の部屋との壁（右側）は、断熱＋防音のためグラスウール＋合板＋石膏ボードを追加。少し狭くなる。

〔図表 17　風呂清掃＆塗装〕

〔図表 18　広いお風呂と収納が欲しい〕
http://bestec.co.jp/private/works/detail/93

周囲のブロックを壁解体
大きなユニットバスを導入。

2LDK から「1LDK ＋ウオークインクローゼット + シューズクローク」に。

来客時は扉を閉め、プライバシー確保。

シューズクローク扉を開けると玄関へ。

ウォークインクローゼット
扉を開けるとシューズクローク。

〔図表 19　家賃 30%アップで即決。漆喰白壁の部屋〕

http://bestec.co.jp/owner/works/detail/141

ドア木枠を塗装するだけでインパクトのあるインテリアに。

無垢のフローリングを張り、
3 面ある壁の 1 面を漆喰で仕上げただけのシンプルな部屋
壁面の数字は部屋番号。部屋のアクセントとして取り入れたブルーで統一。

〔図表 20　4LDK から 3 LDK へのリノベーション〕

**ゆったりとした開放感に満ちた、静かで暮らしやすい住へ。**

http://bestec.co.jp/private/works/detail/239

左手前の 3 枚の引き戸を開ければ洋室。
左奥の 2 枚の引き戸を開けると和室。
和室にはお仏壇の場所も確保した。

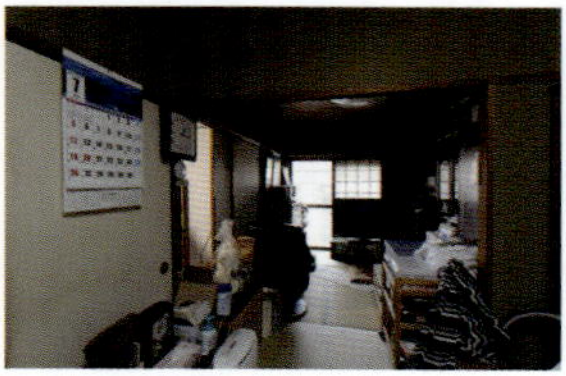

4LDK から 3LDK へリノベーション
息子さんが独立されてご夫婦 2 人になったのを機にリノベ。
多湿による北側の壁の結露対策で、壁面の断熱と内窓 ( インプラス ) を採用した。
長年使用し愛着のあった食器棚は、家具の下端を適当にカットして梁下に収め、造り付け家具のようにした。

〔図表 21　家賃が 5.5 万円ら 7 万円に 27%アップ〕
http://bestec.co.jp/owner/works/detail/53

築年数が 40 年経過した賃貸マンション
・3DK を 2LDK にリノベーションした。
・子供が小さい内は畳の上で遊ばせられるように、置いて並べられる畳を採用。
・畳が不要なときは、片づければすぐに洋室に変更可能。来客時にすぐに片づけられるように、敢えて収納の片面には扉をつけなかった。

キッチンカウンターと洗面化粧台は外国製。

〔図表 22　使い勝手と収納を重視したキッチン等〕
http://bestec.co.jp/private/works/detail/86

対面式のシステムキッチン。

オーバル式ユニットバス。

・トイレの床はタイルを使用。
・調湿効果のある床材も採用しアクセントに。

左手には寝室、
奥にはウォークインクローゼット。

玄関脇ベンチ
ブーツを履くときなどに便利で安全。

# はじめに

本書はマンションのリフォームを正しく楽しんでもらうために書きました。

マンションのリフォームがこれから増えてきます。これに伴いトラブル増加が予想されます。

空き家問題がクローズアップされていますが、マンションでも同じような状況になるでしょう。すでに、立地が悪いものや、エレベーターのないマンションが、安い値段で売りに出たりしています。中にはリフォームが必要なものもありますし、その分さらに安く買える物件もあります。

最近のＤＩＹ人気で、リフォームに必要な材料や道具が簡単に手に入るようになりました。日曜大工と言われていた「お父さん中心」から、ＤＩＹを通じて「コミュニケーション」も楽しめる時代になってきています。リフォームが必要なマンションを安く買って、家族や仲間と「楽しくＤＩＹ」すれば、他にはない自分だけの「素敵なマンション」になります。

しかし、マンションは戸建と違い、共同住宅です。壁や床や天井の向こうは「お隣さん」です。お互いが快適に暮らせるように「マンション管理規約」があり、「マンション管理組合」があります。こういうことから、マンションリフォームには一定の制限や押さえておくべきポイントがあります。それを知らずに安易にリフォームをするとトラブルになったりもします。

リフォームでトラブルとなり、マンションに住みにくくなった例もあります。あるいは「フローリングにしてからの音がうるさい。元の畳に戻せ」「精神的被害を賠償せよ」「原状回復を求めて裁判するぞ」などといったこともあるようです。

こういった問題に応えるかのように、平成28年の標準管理規約改定ではリフォームについて一定の考え方が記されるようになりました。

そこで、トラブルにならないマンションリフォームのあり方と、リフォームを楽しくＤＩＹしてコスト削減するということを本書で考えてみました。

マンションをリフォームして快適に暮らす。自分だけのオリジナルな快適な部屋で暮らす。そのためにはマンションならではの「押さえておくべきポイント」があります。

また、ＤＩＹだと、楽しみながら経費を抑えたリフォームができます。そして、ＤＩＹはやり方次第で誰にでもできます。

リフォームして快適に暮らす。20室のマンションリフォームＤＩＹ経験がある赤尾宣幸がそのノウハウをお伝えします。また、リフォームのプロの事例として㈱ベスティック代表取締役の竹嶋健生が施工し好評を博した参考事例を紹介します。

本書が、トラブルのない満足度の高いリフォームを実現する参考になれば幸いです。

平成28年12月

赤尾　宣幸
竹嶋　健生

## 目次

### これでばっちり！ マンションDIY・リフォームを楽しもう

## 2章　リフォームのスタイル

## 3章　リフォームできるところ・できないところ



## 4章　リフォーム計画の考え方

## 5章 マンションリフォームの注意点



## 6章 標準管理規約はどうなっているか

## 7章　手軽にＤＩＹを楽しむ



## 8章　大胆にＤＩＹを楽しむ

## コラム



## おわりに

# 1章

# マンションリフォームを考える

# 1　増加する古いマンション

日本で最初の鉄筋コンクリート造の集合住宅・マンションは、1910年に現在の霞が関ビルの場所に建てられた三井同族アパートと言われています。その後1950年代から1960年代にかけて東京都心部に建てられた高級集合住宅時代を経て1960年東京オリンピックの頃からマンションの建設が盛んになり、「第一次マンションブーム」と言われています。

その後もマンションブームは続き、平成25年にはマンション累計供給戸数は600万戸を超えました。平成28年に築20年を迎えるマンションは300万戸を超えます。

20年も経てば部屋も傷みリフォームが必要となるでしょう。部屋をリフォームしたいという要望は今後も増えてくることは容易に想像できます。

マンションを管理する管理組合には、専有部分のリフォームに対して届け出を受けたり、承認を与えたりといった業務が出てきます。マンションは隣や上下の階の部屋とは壁一枚でつながっているので、音や振動、漏水などのトラブルが発生しやすい状況にあります。リフォームにあたってはこれをどう回避していくのか考える必要があります。

また、全体の修繕計画との兼ね合いも考える必要があります。専有部分内の配管・配線は区分所有者の財産です。管理組合が勝手に改修工事はできないのが原則です。しかし、「共用部分と一体

【図表23　全国マンションストック戸数】

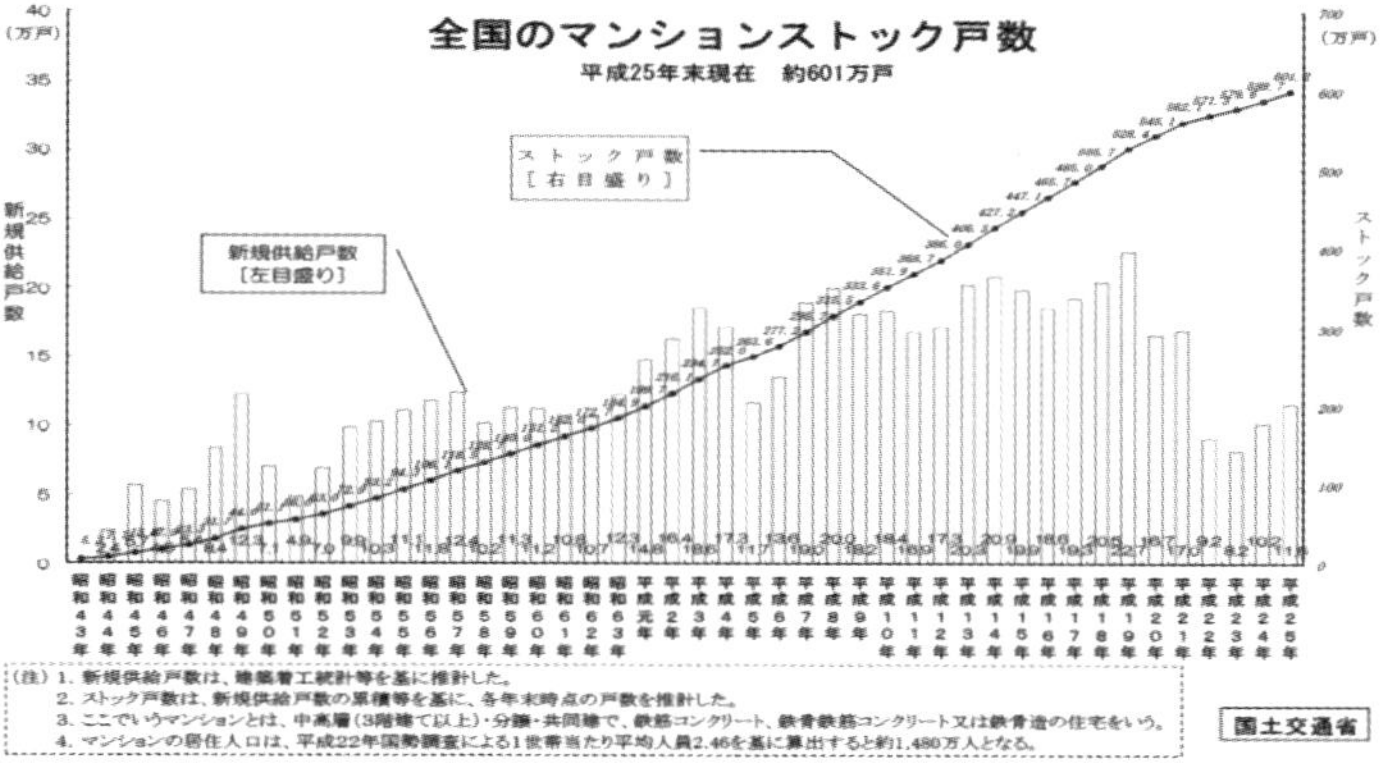


となった設備」として管理組合が修繕工事をすることもあります。専有部分の床や壁を剥がし、給排水管や配管・配線の取替え工事を実施することができます。この場合、その部屋がリフォームで壁や床を貼り換えたばかりだったらどうでしょう。所有者からクレームが出るかも知れません。

こういったことから管理組合は、区分所有者のリフォームの予定・実績を把握し、調整しなければなりません。また、大規模修繕の計画を把握し、リフォームの受理、承認にあたっては、大規模修繕との兼ね合いを考えたうえでの区分所有者との調整が必要になります。そしてこれからはこの調整は確実に増えていきます。

## 2　建替えるということ

古くなった建物は建替えという手法もあります。一戸建だとお金が用意できたなら自分の判断で自由にできますが、マンションはそうはいきません。

マンションの建替え決議には区分所有者の5分の4の賛成が必要です。区分所有者にはローン返済が精一杯の人や、子育て中の人もいるし、年金生活の人もいます。価値観や経済的余裕の違いもあって簡単には合意が形成できないのが実情です。合意を取るまでに何年もかかるかもしれません。

また、古い建物を取り壊して新築するまでにはかなりの時間がかかります。取り壊しに半年から1年、建築にも半年から1年かかります。この間は、別の場所に住居を構える必要があります。

さらに、マンション建設当時とは法規制が変わり、容積率（土地の面積に対する建物の面積）オーバーになって建設可能な面積が減っていたり、高さ規制などで高い建物が建てられなくなっていたりして、現存の建物より小さな建物しか建てられない場合もあります。

これらのことから建替えはなかなか「難しい」のが現状で、建替えされたのはごく一部です。

ところで、鉄筋コンクリートの寿命は長く、施工やメンテナンス次第では１００年を超えるとも言われています。古いマンションの悩みは、コンクリート爆裂、漏水、給排水管の劣化、電気・ガスの容量不足と設備の老朽化がその主なものであり、外壁・屋上防水修繕を行い、給排水管、電気・ガス設備を更新すれば、これによりほぼ「新築状態」に戻り快適に暮らせるようになります。これらの工事は管理組合として実施すべきことですが、区分所有者からも意見を述べることができます。

また、間取りや断熱性、防音性などの室内の問題に関しては、リフォームをすれば新築時と同じ状態、あるいはそれ以上にすることも可能です。

こういったことから、建替えにより現在よりも大きな建物が建つ場合などを除けば、建替えより大規模修繕＋リフォームのほうが現実的でしょう。

## 3　大規模修繕ということ

鉄筋コンクリートの法定耐用年数は47年といわれます。でもこれは税法上の考え方です。旧横浜三井物産ビルは１９１１年の建築ですが、いまだに現役です。軍艦島の鉄筋コンクリートは１９１６年の建築です。このように鉄筋コンクリートは１００年を超えても形は残ります。

マンションとしての寿命を決めるのは大きく二つの劣化に分けられます。それは都心部などで、土地の有効活用という面からより大きな建物に建替えないともったいないという「社会的な劣化」と、給排水などの設備の老朽化による「物理的な劣化」です。

物理的な劣化は30年を超えるあたりから、給排水管の劣化、漏水、電気・ガス容量の不足、エレベーターの部品供給などの問題が出てきますが、これらの設備は「更新」することで、新築時と同じ状態、あるいはそれ以上にすることも可能です。どのような工法でこれらを交換するかによって費用は変わりますが、建替えるよりは少ない費用で済むケースが多いでしょう。

物理的な劣化であれば、大規模修繕を行い、設備を更新して使っていくほうがコストは少なく、建替えに向けての合意形成も、建替えの間の仮住まいも必要ないので現実的でしょう。

賃貸用マンションでは、まず、竪管（メインの給排水管）などの共用部分を増設・交換し、室内は退去時に床下の給排水管等を取り換えることで100年を超えてビルを使おうとする動きが出ています。

「DIY賃貸セルフリフォーム&リノベでファン・ファン・ファン」（セルバ出版）で赤尾と共著した、スペースRデザイン社の吉原勝己社長がまさにこの考え方です。

吉原氏の著書「新版　エンジョイ、レトロビル！　未来のビンテージビルを創る（書肆侃侃房）」では、古い建物でも再生して長く使う「ビンテージビル」を紹介しています。

## 4　リフォームを考える

古くてみすぼらしくなった部屋でも、老朽化した部屋でも、リフォームすればよみがえります。やり方によっては新築時以上の部屋になります。

そこに住んで生活していれば、その部屋の足りない点、問題点が見えています。問題点を解決すれば、より自分の理想に近い部屋をつくることが可能になってきます。

何が不満かがわかっているので、どこまで予算をかけてどこまでリフォームすればいいかを自分で決めることができます。

単に古めかしくなっただけなら、既存の設備を活かしたままクロス貼替えや、床へのＣＦシート貼り程度で済ませれば、66平米の部屋でも50万円程度で済むかもしれません。

あるいは設備が不満なら、クロスや床などの内装はそのままで、洗面台をシャンプードレッサーにし、システムキッチンを導入する程度であれば、数十万程度でできるかもしれません。

もし「全面的に不満」というのであれば、壁や床、風呂、トイレ、キッチンなどの設備を撤去して、躯体（鉄筋コンクリートの壁）をむき出しにした「スケルトン」といわれるリフォームを行えばかなり好きなようにできます。この場合は業者さんに依頼すると、１坪あたり20万円、66㎡程度の部屋であれば４００万円くらいでできるかもしれません。システムキッチンやユニットバスなどで「こだわりの設備」を導入すると、その分リフォーム費用は上がっていきます。

もし、ＤＩＹでクロスの貼り替えだけをするのであれば、数万円で済むでしょう。

リフォームは、限られた費用でも理想の部屋づくりができる一番の近道といえるでしょう。

## 5　リフォーム費用を考える

ところで、リフォームにはどれくらいの費用がかかるのでしょうか。使う材料や、施工する面積や業者さんによってかなりの差が出てきますが、私はだいたい次のような感じで考えています。

障子、襖、網戸張替えは外注だと１枚２０００円前後ですが、ＤＩＹなら数百円でできます。

クロス貼替えは外注だと1㎡あたり1000円前後ですが、DIYなら200円くらいでできます。60㎡のお部屋で150㎡張り替えるとすると、外注で15万円がDIYなら3万円でできます。床のCFシート貼りは外注で1㎡あたり3000円前後ですが、DIYなら1000円ぐらいです。リビング30㎡とすれば外注は9万円、DIYは3万円で済みます。

洗面台取り替えは外注だと6万円からですが、DIYなら安い物なら3万円から可能です。便器交換は外注10万円からですが、DIYなら便器代3万円くらいから可能です。システムキッチンへの交換は40万円くらいからですが、DIYなら20万円くらいで可能です。こんな感じで、リフォームしたい部分だけをチョイスすることができます。もしDIYすれば材料費だけなので外注の半分以下で施工することができます。

クロス貼りやペンキ塗りは簡単に始められます。そんなに難しいものではありません。流しや洗面台の交換、床の貼替えなども不可能ではありません。頑張れば間取りの変更もできます。

DIYはコスト削減もさることながら、家族や友人と「楽しみながら」行うことができます。その人の技量や事情に合わせて楽しむことができます。家族や友人と楽しんだうえで工事費も削減することが可能となります。

できるところだけDIYで楽しんで、自分には難しい部分だけ業者さんにお願いすれば、DIYを楽しんだうえで工事費も削減できます。

# 6　リフォームがトラブルに

マンションは、リフォームが原因でトラブルになる可能性が戸建より高くなります。その一番大きな理由は、マンションは上下左右に他人の住戸が接しているからです。これが戸建とマンションの大きな違いです。

このため、トラブルが起こると、お隣さんや上下の部屋の人、管理組合との関係が気まずくなることがあります。だから、マンションならではのリフォームの注意点を考える必要があります。

マンションリフォームのトラブルで一番多いのは音です。それは施工中の音と、施工後の音があります。施工中の音は管理組合や住んでいる人に事前に説明し、施工時間の配慮を行うことで基本的には解決できます。しかし、事前説明が不十分だとトラブルになることもあります。

深刻なのが「設計ミス」による施工後の音。いわゆる「プロ」でも勘違いするのがマンションリフォームです。設計には、階下やおとなりの部屋への「音」に対する配慮が重要です。この配慮が欠け、音がとなりや階下に響くようになると音を気にしながらの生活を強いられるかもしれません。

例えば、床材変更で階下からの苦情がでると、普段の生活で音を立てないように、歩行や椅子を引くことに神経をとがらせるようになります。

このようなことを考えない業者さんも散見されます。「プロに任せたから安心」とは必ずしも言えないのが現状です。

## 7　快適に住むために

古くなった部屋でも、手をかければ快適に住むことができます。

快適で住みやすい部屋へのリフォームポイントは、①美しく、②使いやすく、③高機能で、④断熱・防音性が高いことです。

次の点に留意すれば、新築を超える快適さの実現も可能です。

①まずは美しくします。

古びた部分を新しい感じにします。ペンキ塗り、クロス・カーペット・CFシート・フローリング貼替え、畳の表替えなどで、見た目をきれいにします。これにより、新築時と同じ状態になります。

また、自分の好みの色やデザインを取り入れることで、新築にはないオリジナルな美しい部屋にできます。

②使いやすくします。

収納が少なければ収納を追加します。玄関やトイレの手すりは意外と重宝します。使わない部屋があれば部屋と部屋の間仕切りを取って

**リフォームのポイント**

①美しく
　古びたり、傷んだ部分を美しくします。
②使いやすく
　不便に感じる部分を改善します。
③高機能に
　従来のものに機能を新規に追加します。
④防音・断熱の向上
　周囲の音や温度を、より遮る工夫をします。

広くしたり、場合によってはトイレや風呂を広くしたりします。

③高機能にします。

今までにない機能を追加したり、より高性能なものと取り換えます。ＴＶフォン、シャンプードレッサー、システムキッチン、追い炊機能などで機能の向上を図ります。

④防音・断熱の向上を図ります。

壁や床を防音性や断熱性の高い材料に変更したり、あるいは、既存の壁や床に断熱材・石膏ボードを追加するなどで音と熱の遮断効果を上げます。さらに2重窓にすると、より効果が増します。

特に古いマンションでは、ちょっとした差が大きな差に感じられることもあります。

## 8　ＤＩＹを考える

リフォームと聞いた瞬間に、「どの業者さんにお願いすればいいのだろうか」そう考える人は多いでしょう。でも、ＤＩＹでもリフォームはできます。

赤尾はマンションだけでも20部屋をＤＩＹでリフォームしてきました。その経験から考えているのが、楽しめる範囲でＤＩＹすればいい。自分ができる範囲でやればいいということです。

例えばクロスを貼替えてみましょう。クロスを貼替えるだけでも雰囲気が大きく変わります。自分の好みの美しい部屋になります。やり方は簡単です。糊を付けて、壁に貼って、余った部分を切るだけです。最初はうまくいかなくても、やっているうちにだんだん慣れてきます。

あるいは収納が足りないと思えば、棚をつくってみましょう。壁や柱のしっかりとしたところに棚を受ける部材を取り付け、棚板を乗せます。そんなことからＤＩＹが始まります。

ＤＩＹは一人でやってもだんだん形ができてくるので楽しいものです。家族や友達と一緒にわいわいやっても楽しめます。友達と一緒にＤＩＹを楽しんだうえ、仲間と語り合いながらの「一杯」は格別です。また、家族でＤＩＹをやると、普段は話をしないかもしれない父と子にも話すチャンスが生まれます。ＤＩＹ中のちょっとしたことで子供を褒めることができ、良好な親子の関係も構築できます。家族との楽しい思い出がつくれます。

「家族の協力が得られない」。そういう人もちょっとした工夫により協力者になってくれる場合があります。クロスを貼るときに「ごめん、ちょっと端を押さえて〜」でもいいし、「子供部屋に棚をつくってあげるから手伝って」と目的を明確にしてもいいし、「お父さん一人では難しいので、君の力を貸してくれないか」でもいいし、明確に「時給１０００円あげるから手伝って」でもいいです。相手が喜ぶような切り口で協力を依頼しましょう。そして、ちょっとしたことでも「いいね！」を感じたらすぐに素直に褒めましょう。これによって家族のコミュニケーションが深まります。

知人のＤＩＹを手伝ったとき、ふと熱い視線を感じました。それは奥さんの視線でした。ＤＩＹをするご主人の姿をじっと見つめる奥さん。「おとうさん、やっぱり素敵！」そんな感じの眼差しでした。ＤＩＹは部屋を見直すだけではなく、家族のきずなの再確認もできるようです。

# 9　用語の定義

本書で使う用語は、次のように定義しています。

・マンション…「分譲マンション」と呼ばれる共同住宅をいう。オーナーが一人で一棟を所有し、部屋を貸す「賃貸マンション」とは違い、それぞれの部屋の所有者が基本的には異なる。このため、安易なリフォームではトラブルになりやすい。

・区分所有法…マンションに関する法律。この法に抵触する管理規約はつくれない。

・標準管理規約…国が提唱する、標準となる管理規約。「標準」であり、絶対的なものではない。本書では28年3月に改訂されたものをさす。専用住宅が一棟の単棟型、複数ある団地型、事務所や店舗もある複合用途型がある。

・当該マンション管理規約…本書では、個々のマンションの独自の管理規約を表記した。管理規約は、それぞれのマンションがそれぞれのマンションに合わせてつくることができるので、標準管理規約とは異なることもある。そこで、本書では当該マンションの独自の管理規約を当該マンション管理規約と呼ぶこととした。

・区分所有者…分譲マンションで所有者として登記された人。部屋の持ち主。

・管理組合…マンションを維持管理していくための組合。通常の軽微な業務は理事会で判断され実施されることもある。所有者は全員自動的に組合員になる。

・専有部分…登記された部屋で躯体やドアの内側部分。細かくは個々の管理規約で定められている。標準管理規約の定めを図示すると図表1になる。リフォームできるのは原則としてこの専有部分だけとなる。

・共用部分…専有部分以外の部分をいう。廊下、階段、エントランス、エレベータ、ベランダ、パイプスペース、駐車場など。利用にあたっては制限がかけられる。もちろん勝手にリフォームすることは許されない。

・マンション標準管理規約（単棟型）コメント…標準管理規約の補足説明が記されている。別添2には区分所有者が行う工事に対する制限の考え方が表と注記で記されている。

・躯体…構造を支えるもの。多くのマンションでは鉄筋コンクリートの柱や壁などをいう。

・竪管…給水管と排水管があり、縦方向のメインの配管で共用部分。標準管理規約では立て管、コメントでは縦管と表示されている。

・CFシート…ビニール製で弾力性のある床材。若干ながらも遮音性、断熱性がある。デザインや種類が豊富で安価。水拭きしやすい。

・ワンバイ材…ツーバイフォー工法に用いるツーバイ材の半分の厚みの板。安価で加工しやすい。

・スケルトン…壁や床や天井、洗面台や流し、トイレ、風呂などを撤去して、建物の躯体がむき出しになった状態。

コラム

## 美女との出会いが・・・

コンクリートの寿命はもしかしたら永遠かもしれません。

中国では1万年前のコンクリートが発見され、2000年前のローマ時代にもコンクリートはあったそうです。

そんな長寿のコンクリート。鉄筋という美女と出会い、最高のカップルとなりました。鉄筋とコンクリートが合体したことで、コンクリートの弱点であった引っ張りに対する強度を強くできます。コンクリートが少なくても強度が出るようになり、建物が軽くできるようになりました。また、アルカリ性のコンクリートは鉄筋の弱点の錆を防ぎ、お互いの弱点をかばい合えるようになりました。

でも、悩みもあります。1つはコンクリートの中性化。アルカリ性のコンクリートが、経年により中性化していくことで、鉄筋を錆から守れなくなる可能性があります。

また、施工が悪くて、鉄筋の外側のコンクリート（かぶり）が、設計数値より小さく鉄筋が錆びて「爆裂」を起こすことも問題となっています。

鉄筋と言う美女と出会って、活躍の場を飛躍的に拡大したコンクリート。でも、そのことがコンクリートの寿命を短くしたのかもしれません。

コンクリートは打設後、28日経過後の強度で構造設計がされるそうです。その後30年くらいは緩やかに強度を増し、設計強度の2倍近い強度になるそうです。

100年を超えた鉄筋コンクリート建物は現存しています。

# トラブル事例

マンションのトラブルで、裁判となった例もあります。

・部屋のリフォーム工事で、手続の不備と騒音・振動被害が生じているとして管理組合が所有者に対し、工事中止要求や業者入館中止要請をした。これが不法行為として所有者が管理組合に損害賠償を求めた。
　共同の利益に反しそうなリフォーム工事を一旦中止させるための工事中止申し入れ、入館中止要請といった行為は違法でないと棄却。

・マンションの階上からの騒音に対し、階下の人が慰謝料支払いと、フローリングの撤去及び畳敷・絨毯敷への変更を求めた。
　全体としては受忍限度内の騒音であることを理由として棄却。

・マンション階上に居住する夫妻が、階下の居住者から「上階より騒音が発生している」と、管理組合の総会等で夫妻の名誉を棄損する発言と、執拗に苦情を申し立てた。これにより、夫妻の名誉及び名誉感情を侵害されたとして、夫妻が階下居住者に不法行為による損害賠償及び謝罪文を求めた。
　階下居住者が上階より受忍限度を超える騒音が発生していることは認められたが、損害賠償等は棄却。

・マンションを買った人が、上階居住者のトイレ音などの生活騒音で住居として使用できないので、売主に売買代金の返還を求めた。
　居室で測定された騒音レベルは、日本建築学会が定めた基準の準一級を満たすもので、社会通念上要求される遮音性能を十分に満たすもので、瑕疵があるとはいえないとした。

# 2章

# リフォームのスタイル

# 1　リフォームの楽しみ方

リフォームは、いろんな楽しみ方があります。もちろんＤＩＹでリフォームすることもできます。その人の技量、リフォームできる時間、掛けられる費用によって変わってきますが、それぞれ自由な楽しみ方ができます。

ＤＩＹが全く初めての人だって、次に述べるお手軽リフォームなら簡単に楽しめます。腕に自信のある人なら、専有部分の壁や天井や床を全部解体、あるいはキッチンや風呂やトイレまで解体して、躯体と呼ばれる鉄筋コンクリートだけ残した「スケルトン」とよばれる状態にして、全く別の部屋につくり換えることもできます。

そこまでは・・・という人でも、ＣＦシート貼りや、洗面台交換程度までなら時間さえかければ何とかなります。

自分でできる範囲でＤＩＹを楽しめばいいのです。難しいところ、専門の知識や道具が必要な部分だけ業者さんにお願いしてもいいのです。

今はホームセンターでもＤＩＹの道具が豊富にそろっています。材料も見て選ぶことができます。メーカーのショールームに行けば、床材やクロスなどの見本が置いてあり、イメージをふくらますこともできるし、サンプルが無料で貰えたりします。特殊な素材でもメーカー名と品番を入力すれば、ネットでも注文できたりします。

網戸の張替え方、クロスの貼り方などの「具体的なやり方」がわからなければインターネットで「網戸の張替え方」などで検索すれば、いろんな人が写真やイラストを付けて投稿しているので、これを見ればやり方がわかります。中には動画で紹介されていたりします。

興味があれば、時間があれば、誰にでも簡単にＤＩＹが楽しめる。そんな時代になっています。

## 2　お手軽リフォーム

ＤＩＹと言っても身構える必要はありません。簡単なことから始めて、楽しめばいいのです。

例えば、マスキングテープを貼るだけでもＤＩＹです。マスキングテープはペンキの塗り分けに使い、ペンキを塗り終わったら剥がしてしまうものです。だから、貼りやすく、剥がしやすいのが特徴です。最近はカラフルなものや、おしゃれなデザインのマスキングテープがあります。

流しの扉、クロスの汚れや破れた部分などに、ちょっと変わったデザインのマスキングテープを自分の好きな形に貼ることで、部屋の雰囲気が変わり楽しくなります。

マスキングテープは簡単にきれいに剥がせる特徴を持っているので、デザインに飽きたら剥がして違うデザインのテープに貼り替えるのも簡単です。ただし、数年間貼ったままにしておくと、剥がしにくくなることがあります。

あるいはコンセントカバー交換を考えてみましょう。コンセントカバーはドライバー1本あれば簡単に交換できます。古いカバーを新しいものに交換するだけで部屋の雰囲気が明るくなります。自分の好みのカバーに変えることで部屋がぐっとおしゃれな感じになります。

あるいは襖にクロスを貼ってもいいですね。クロスは襖紙に比べて、汚れに強いし水拭きもできます。そして襖紙に比べると破れにくいです。壁に貼ったクロスとデザインを合わせることで、雰囲気も変わります（図表2）。

襖にクロスを貼るなどということは、旧来の常識では考えられません。常識に従ってノウハウを守っていく「職人」の世界ではおそらくありえません。ＤＩＹならではの発想です。赤尾の貼り方を7章の4で説明していますので、参考にしてください。

## 3　必要に応じたリフォーム

赤尾がＤＩＹに本格的に取り組み始めたのは、競売物件のＤＩＹリフォームからです。

平成10年ころは競売物件が安く買えました。競売物件を「安く買った」まではよかったのですが、競売に出される部屋は大体が荒れ果てており、当然にリフォームが必要でした。業者さんにお願いするとかなりの費用が掛かる。じゃあ、できるところだけでも自分でやってコストを削減しよう。そう考えて始めました。

まずは部屋に残された「残置物」の撤去を行い、軽く掃除をします。掃除をしながら部屋のどこが傷んでいるか、どこをどうするか考えます。当時は初心者の私には、簡単にできる網戸張替え、襖貼替え、クロス貼替え、ペンキ塗り替え、ＣＦシート貼替えが主な作業でした。でも、たったこれだけでも、かなり部屋がきれいになりました。

物件によっては、水栓の交換、洗面台交換が必要だったりしました。そしてだんだんＤＩＹでチャレンジする項目が増えてきました。

当時は、こういうノウハウを書いた本はあまり売っていなくて、今のようにインターネットも普及していません。どうしたらよいかわからないときは、図書館に通って建築や設計、内装などの「専門書」を読み漁りました。実際の作業よりノウハウの調査、そして試行錯誤に時間がかかっていました。やがて努力は実り、ＤＩＹできる項目が増えていきました。これもＤＩＹの楽しみでした。

今は、ほとんどのことがインターネットで簡単に調べられます。例えば、トイレのタンクの部品交換では、タンクの品番で検索すれば、図面が出てきて構造や部品の番号、取替え方までわかります。動画で見ることもできたりします。簡単にＤＩＹが楽しめる環境が整っています。

こうやって勉強しながら、ＤＩＹにチャレンジしていくのも楽しいものです。

## 4　くたびれた部分をリフォーム

長年の使用でなんとなくくたびれた感じの部屋。くたびれた部屋は、くたびれた部分を交換することで元気な部屋になります。場合によっては清掃だけでも見違えるようにきれいになります。

簡単で効果がわかりやすいリフォームは、天井や壁です。

天井や壁のクロスを貼替えたり、ペンキを塗りなおしたりします。これらは古くなると汚れていたりくすんでいたりします。あるいは破れたり、剥がれたりしています。これらを新しくすることで部屋が明るくなります。好みのデザインや色を選べばオリジナルなものになります。これに併せて、襖や障子の貼替えを行うだけでも見違えるようにきれいになります。

次に床を検討します。畳表の交換、フローリングの補修・貼替え・CFシート貼り、あるいはCFシート貼替えなどを検討します。古くなったフローリングの上にCFシートを貼ると見た目が良くなるし、掃除もしやすくなります。階下への騒音も若干減ります。

もっときれいにしたければ、洗面台や流しのドレスアップまたは交換なども行います。洗面台や流しにカッティングシートを貼るとかなりイメージチェンジができます。この程度のリフォームでも、部屋全体がかなりリフレッシュします。

この程度のリフォームであれば、多くの人がDIYで対応できます。初めてでも時間をかければきれいになります。塗ったり、貼ったり、古いものを新しいものに交換するだけですから。

風呂やトイレ、システムキッチンなどの「設備」を更新しなければ、そんなに難しくはなく、また費用も少なくて済みます。図表3は、床や、キッチンの側面、凹んだ風呂の柱、窓の枠などの「くたびれた部分」をちょっときれいにしたものですが、これだけでずいぶん雰囲気が変わります。

# 5　高齢化を考えたリフォーム

体が衰えたり、介護認定を受けたりしてリフォームを検討する方にもＤＩＹがおススメです。ただし、安易なバリアフリーは次の理由から残存機能を低下させる可能性があります。

バリアフリーで段差を認識する必要がなくなれば、「危険を予知する能力」が低下します。バリアフリーで超える段差がなくなれば、足を上げないので「段差を超える能力」が衰えます。つまずくことがなくなれば、転びそうになったときに「体力の衰えを感じるチャンス」がなくなります。

この結果、危険予知能力が低下し、外へ出たときに足も上がらない状態となります。しかし本人はそれに気が付いていません。つまずいたときに思っていたとおりに体が動かずバランスを崩し、「こんなはずでは」と思いつつ「大転倒」するという可能性が高くなります。

介護度やその人自身にもよりますが、高齢者に必要なのは、危険個所がわかりやすいこと、よろけそうな場所に手すりがあるということです。

手すりを必ず付けましょう。転びそうになったときに真価を発揮します（図表４）。

玄関やトイレ、浴室など、立ち上がりをする場所や、段差などがあって転びやすい場所に手すりを付けます。玄関には靴を履いたり脱いだりするための椅子や台を置きます。バスタブに入るのがたいへんなら、バスタブの横に台を設置すれば一人でも入浴できる人は多いでしょう。

ＤＩＹで試行錯誤しながら「必要最小限のもの」をつけることは、残存機能が維持されやすいので、結局は本人のためです。また、過度なバリアフリーは、バリアフリーが必要でなくなった場合に「無用の長物」になりかねません。さらにＤＩＹで付けたものはＤＩＹで取り外せばいいので、原状復旧が容易という利点もあります。

## 6　持ち味を生かしたリフォーム

人によって持ち味や楽しみ方のタイプが違いますが、持ち味を生かして楽しめるのもＤＩＹです。

一人コツコツとＤＩＹを積み重ねるタイプ。少しずつ形ができてくる。完成を夢見て黙々と作業を続ける。完成したときの喜びがたまらないという楽しみ方。

他にはない、オリジナルな部屋に住みたいタイプ。だから気が向いたところをこだわってＤＩＹする。完成した部屋は他のどこにもない、自分の好みにピッタリの部屋になるという満足感。

仲間と一緒にＤＩＹすることが楽しいタイプ。仲間にはクロス貼りの得意な人、ペンキを塗るのが得意な人、大工が好きな人などが居て、こういう仲間を集めてお互いに得意のノウハウ自慢をしながらＤＩＹをする。作業後の懇親会も楽しみなコミュニティーが好きな人。

家族と一緒に何かしたいタイプ。あるいは家族で一緒に何か思い出をつくりたい人。ＤＩＹを家族のレジャー的な感覚で、家族と一緒に部屋をさわることを楽しむ。

家族の成長に合わせてＤＩＹするタイプ。子供の入学に合わせて、勉強部屋をつくる。ＤＩＹのプロセスもいいが、家族でつくった思い出のある部屋で過ごしたいファミリー志向。

ＤＩＹでリフォーム費用を削減するタイプ。業者さんに支払うはずだった工事費をレジャーに回し、家族で楽しむ一挙両得タイプ。

何のためにリフォームをするか、ＤＩＹをどう楽しむかによって、楽しみ方はいくつも出てきます。あるいはいくつかの楽しみを併せて楽しむことも可能です。

## 7　スケルトンリフォーム

賃貸中のファミリーマンションを買い、入居者さん退去後に全面リフォームしたことがあります。この入居者さんは、離婚が原因で退去されました。ご近所の方の話によると、だんだんと夫婦仲が悪くなり、そして家族がぎくしゃくし、壁や襖をけ破ってうさを晴らしたりしていたといいます。

確かに、壁は穴だらけ。襖は破れ、中の桟も折れてたりなくなっていたりしました。

掃除もほとんどしなかったようで、とても素足では歩けないような凄まじい汚れと臭いでした。

トイレはタンクからの漏水で床が水浸し、玄関、風呂はカビで真っ黒、バスタブは湯垢で茶色くガサガサになっていました。

そして悪い「気」が部屋に充満していました。あまりのひどさに、退去の立ち合いでは、私は5分間も中にいることができませんでした。

私は過去に3室の競売物件をリフォームしたことがありますが、そのどれよりもひどい状況でした。こんなところに住んでいたら、気がおかしくなっても仕方がない。そんな感じの荒れ果てた部屋でした。

また、暗く気の重い部屋になっていましたので、まずは換気を図りました。最初の3か月は数分部屋の中にいるだけで気分が悪くなっていたのですが、換気をすることで少しずつ悪い気が出ていったような気がしました。

この部屋は臭いもとてもひどい部屋でした。臭いは壁や床、キッチン全体に染み付いていました。畳やクロス、床材を撤去してもなかなか臭いが取れません。どうしても臭いが取れない部分は漂白剤を薄めたものを塗布して、なんとか我慢できるレベルにしました。

この、ほぼスケルトンリフォームを通じて、学びました。かなりひどい部屋でも、悪い「気」があっても心を込めてリフォームすればＤＩＹでも再生できるということを。

また、この部屋は友達たちと一緒に楽しくリフォームした部屋でもあります。それまで、私は一人黙々とＤＩＹを楽しむタイプでした。淡々と時間を積み重ねてリフォームを完成させたことや経費の削減ができたことを一人で喜ぶタイプでした。この部屋で、ＤＩＹの別の喜びを見出しました。友達たちとＤＩＹを楽しむというのもいいものです。

コラム

## プロとの棲み分け

DIY するといっても、すべてを自分でやる必要はありません。

自分にできるところや、やってみて楽しいことを DIY で楽しんで、それ以外をプロに頼むという方法もあります。

ガスや電気と言った専門的なノウハウや資格が必要なもの、畳表交換など道具がないと難しいもの、時間的に急ぐものは業者さんにお願いし、暇を見つけて少しずつやっていけるものを DIY で楽しむこともできます。

例えば、ペンキ塗り、クロスや CF シート貼りは、暇を見つけては少しずつ DIY で楽しめます。プロに頼まず、DIY で楽しみ、その外注コストを下げた分で設備をグレードアップするという方法もあります。ファミリータイプでクロスと CF シート貼りを DIY すれば、業者さんにお願いするより 20 ～ 40 万円くらい安く済みます。安くなった分で、リフォームの範囲を広げると DIY を楽しめた上に、よりグレードの高いリフォームが可能となります。

また、家族と一緒に DIY をすれば、DIY を楽しんだうえ、安く済んだ分で食事をしたり、旅行するなど、家族のコミュニケーションに役立つし、楽しい思い出がたくさんできます。また、家族でやった DIY はいつまでも思い出として残ります。

一部をプロにお願いする場合、あらかじめ業者さんと事前に話をしておきます。ここまでは自分でするのでこれとこれはお願いしますとか、自分でやってみて難しいときはお願いしますねと言って打ち合わせておけば、スムーズな施工につながります。

## まず手すり

「まだ若いから手すりは要らない」。そうですね。今は要らないかもしれません。でも、これはお守りです。

赤尾は古民家改修型の小規模デイを 15 年近く経営しています。

その中で、多くの高齢者を見てきて感じたことがあります。それは「最初に転ぶ時」のケガを少なくすることが大切ということです。

人間は年齢にかかわらず転びます。若いときは転びそうになっても、すぐにバランスを取ることができて転倒しなかったり、転倒してもほとんどけがをしなかったりします。

高齢者も「若い」うちはこのような対応ができます。ある日、転倒しかけたときに「昔のように体が動かない」ことに気づくようです。そのときに手すりがあれば「ひやっとした」で済みます。そして、その体験をもとにリハビリに励んだり、用心深くなったりします。

問題はこの「ある日」です。転倒しそうになっても自分の体が思うように動かない。もし、手すりなどの「掴まる」ものがなかったら、おそらく一気に転倒してしまうでしょう。うまく転倒してケガがなければいいですが、もし大きなけがをして入院したら・・・。

ベッドの上でじっと寝ていると、骨折などのケガは直るでしょう。

しかし、動けなくなる人や認知症が進む人、寝たりきりになる人もいます。高齢者にとって入院は数々の問題があります。

「手すりさえあったら…」そう思う前に手すりを取り付けることをおすすめします。

手すりを付けるのは簡単です。そしてそれは恥ずかしいことではありません。いえ、大切な人への思いやりです。

# 3章

# リフォームできるところ・できないところ

# 1　専有部分のみＯＫ

マンションには共用部分と専有部分があります。

マンションの所有者が自由に使える室内部分を「専有部分」といいます。

廊下や階段、エレベーターなど、専有部分以外の部分を「共用部分」といいます。

専有部分と共用部分の詳細な区分けはマンション管理規約に定めてあります。標準管理規約の定めを図に表すと図表1になります。

戸建と違い、自分でリフォームできるのはマンション管理規約で定めた「専有部分」だけです。図表1では茶色の部分となります。

専有部分である室内はリフォームできますが、マンション管理規約で一定の制約があります。リフォームに当たっては、管理組合を運営する理事会の承認や届出が必要となる場合があります。

標準管理規約は、国が手本として示した管理規約ですが、区分所有法その他の法令に違反しなければ、それぞれのマンションで定めた管理規約（以下、本書では当該マンション管理規約といいます）が標準管理規約より優先されます。

つまり、当該マンション管理規約の定めが国の標準管理規約と異なる場合は、当該マンション管理規約が適用されるということになります。

専有部分や共用部分の定義や、リフォームの承認基準も当該マンション管理規約で定めることができるので、当該マンション管理規約を十分確認し、リフォームできる範囲や内容を確認しなければなりません。

なお、本書では国の標準管理規約（単棟型）に基づいて記述します。

## 2　標準管理規約が定める専有部分

リフォームができるのは専有部分で、定義は標準管理規約では第7条に定めてあります。

（専有部分の範囲）

第7条　対象物件のうち区分所有権の対象となる専有部分は、住戸番号を付した住戸とする。

2　前項の専有部分を他から区分する構造物の帰属については、次のとおりとする。

一　天井、床及び壁は、躯体部分を除く部分を専有部分とする。

二　玄関扉は、錠及び内部塗装部分を専有部分とする。

三　窓枠及び窓ガラスは、専有部分に含まれないものとする。

3　第1項又は前項の専有部分の専用に供される設備のうち共用部分内にある部分以外のものは、専有部分とする。

わかりやすい言葉で書くと、1項で、部屋番号を付けた部屋を専有部分と定義しています。

2項で、専有部分を詳細に定義しています。天井、床及び壁は躯体を除いた部分、玄関扉は錠と内部塗装部分を専有部分とし、窓枠及び窓ガラスは共用部分と定義しています。

3項で、専有部分の中にも共用部分は存在し、共用部分内部のものは共用部分としています。

これらから、天井や床及び壁の躯体、玄関扉、窓枠及び窓ガラスで区切られた内側が専有部分となりますが、その中にあっても、躯体やパイプスペース（竪管等の共用部分が配置された空間）とその内部を除くものとなります。

もっと簡略に書くと「躯体・ドア・窓の内側で、躯体と竪管などの共用部分を除く。鍵は占有部分」ということになります。（図表1の茶色の部分）

## 3　躯体は承認がなければNG

躯体とは、建物の構造を支える部分を言い、共用部分です。

多くのマンションは鉄筋コンクリートでできていますので、わかりやすく言えば「鉄筋コンクリートの部分」が躯体です。

躯体の加工は建物の強度に影響をもたらすので安易にはできません。専有部分である部屋の中にあっても、構造を支える鉄筋コンクリート壁などの「躯体」は専有部分ではなく、共用部分となります。いうまでもありませんが、共用部分を勝手に加工することはできません。

古い建物は躯体に直接ペンキが塗られていることもありますが、昭和の終わりころには、躯体のコンクリート上に間柱や接着剤が取り付けられ、これに石膏ボードや合板が張られて壁や天井や床が構成されるようになりました。壁の外側が外部に面した場所には断熱材が入っていたりします。こういう場合、コンクリートの室内側につくられた間柱や石膏ボード・断熱材などは専有部なので、撤去・取り替えができます。

部屋と部屋を間仕切る壁で、合板や石膏ボードやブロックでつくられた「構造に影響を与えない壁」は専有部分です。専有部分にあたるこれらの壁は自由にリフォームできます。ドアを付けたり、ユニットバスを大きくしたり、3LDKを2LDKにするといったのがこれに該当します。

例外として、躯体であっても構造に悪影響がなく理事会の承認があれば、エアコンの穴あけが可能となることがあります。

この場合でも「承認があれば」であって、勝手に穴をあけていいというものではありません。

## 4　玄関ドア・窓は共用部分なので原則NGだが例外あり

玄関ドアは鍵とドアの室内側の塗装部分からが専有部分です。

標準管理規約には「玄関扉は、錠及び内部塗装部分を専有部分とする」となっており、ドア自体を勝手に換えることは許されませんし、外側の色を変えることも許されません。マンションが古くなってくると、ドアを取り付けている枠の鉄板が錆びで膨らんできて開け閉めしにくくなることがあります。こういう場合でも枠は共用部分なので、勝手に加工はできません。このようなときは管理組合に申し出て対処を依頼します。

窓も共用部分です。窓のサッシはもちろん、窓ガラスも勝手に換えることはできません。標準管理規約では窓枠及び窓ガラスは、専有部分に含まれないとなっており、共用部分です。

玄関ドアや窓は大規模修繕等で管理組合が修繕することとなりますが、例外として標準管理規約22条2項に「あらかじめ理事長に申請して書面による承認を受けることにより」区分所有者が窓やドアをリフォームすることができるようになっています。

マンション標準管理規約（単棟型）コメント22条関係④には、防犯性能の向上、カビやダニによるシックハウス問題改善のための断熱性向上等で、計画修繕によりただちに開口部の改良を行うことが困難な場合は区分所有者が行えるとあります。

これは「理事会承認を要する工事」となっており、承認の条件として別添2に、「色彩、形状、位置、防犯・防音性の低下の可能性を確認する」と記述されています。

なお、これも当該マンション管理規約で定めがあればそれが優先されます。標準管理規約ではドアは共用部分となっていますが、当該の管理組合が定めた当該マンション管理規約で専有部分にすることもできます。区分所有法等に違反しない限り、標準管理規約より、当該マンション管理規約のほうが優先されます。このため、当該マンション管理規約を確認することが必要です。

# 5　専有部分の給排水管交換はＯＫ

多くのマンションは、床の下と躯体のコンクリートとの間に横方向の給排水管があります。これは専有部分になり、所有者がメンテナンスをすることとなります。給排水管は20～30年で交換または補修が必要になります。古くなってくると継ぎ目部を中心に腐食などの老朽化が進みます。また、給水管内部に錆が発生することもあります。この結果、水が出る勢いが弱まったり、赤水が出たり、継ぎ目などが破れて漏水したりします。また、ガス管も劣化してきます（図表5）。

専有部分に起因する漏水事故は所有者の責任となり、漏水して被害が出ると高額な賠償を求められるケースもあります。そして、原因調査や修繕は床や壁を剥がさないとできないこともあります。床や壁をリフォームするときは給排水管を点検し、交換を検討しましょう。

管理組合によっては、大規模修繕時に専有部分である給排水管を併せて交換することもあります。竪管といわれる共用部分の給排水管の大規模修繕に併せて、専有部分の給排水管を同時に交換することは工事費の削減にもなるし、漏水事故防止につながるからです。この場合は、室内の床や壁、天井の一部をはがすこともあります。

自分で床をリフォームした後にまた床を剥がす事態を避けたいと考えるなら、リフォーム時に専有部分の給排水管交換を実施するか、大規模修繕後にリフォームを実施します。

配管の配置状況によっては、給排水管の交換を見越して、給排水管の交換が可能となるように「床下点検口」を設置しておくという方法も考えられます。

給水管や排水管を交換するときは、将来の管理組合が行う配管交換工事が完了したときに、新しい共用部分の配管と専有部分である室内の配管とどのようにつなぎこむかを考えて施工します。新しい配管とつなぐ工事がしやすく、費用がかからず、美観を損ねないような場所でつなぎ直せるように検討します。

## 6　共用部分の配線・配管・消防施設はNG

共用部分である電気配線・竪管・消防施設は変更できません。

火災報知器、煙感知器などは命にかかわる部分なので、勝手に変更や撤去をすべきものではありません。必ず管理組合と相談しましょう。例えば、部屋数を減らしたからと言って、勝手に火災報知機や煙感知器及び配線を撤去してはいけません。あるいは部屋を増やした場合は、増設が必要となってくるかもしれませんが、勝手に変更してはいけません。マンション全体の安全の確保に関する部分なので特に注意が必要です。

テレビアンテナの配線なども、勝手に撤去すると他の住戸のテレビが映らなくなるなどの影響が出る場合がありますので、十分な注意が必要です。

電気、消防施設には、壁の表面に出ていて確認が容易なものもありますが、壁や天井、床など、目に見えない部分に隠れていることも多いのでリフォーム時には十分な注意が必要です。

電気、ガスは有資格者でなければ工事ができません。命にかかわる部分なので、安易に考えることはやめましょう。

これらのことは常識で考えてもわかると思うのですが、中にはこのようなことを考えないリフォーム業者さんが実際にいます。

トイレを移設するために、業者さんが勝手に排水管の竪管を移設した事例を見たことがあります。

そのマンションは、風呂とトイレが一つの部屋で、トイレに行くときは風呂の洗い場を通るようになっていました。バスとトイレが一つになったいわゆる3点ユニットのような状態です。

その部屋の所有者はこれを嫌って、浴室横の押入れをトイレに改装しました。このときに新設のトイレから既存の竪管に排水管をつないでおけば問題は少なかったのですが、なんと共用部分である竪管を浴室横の押入れに移設してしまっていたのです。

大規模修繕で竪管の交換に際して発覚しました。通常はまっすぐに上の階と下の階への竪管を交換するのですが、勝手に竪管を移動しているので、上の階と下の階の配管がまっすぐつなげません。竪管の交換が予定通りにできなくなりました。その対策を考える間工事はストップです。他の住戸の方の工事もストップし、スケジュールも変更になり、大きな迷惑をかけました。

残念ながら業者さん任せが常に正しいとは言えません。

## 業者さん選びのポイント

リフォーム業者さんは玉石混交のようです。

昔は、建具屋さん、クロス屋さん、畳屋さん、水道屋さん、電気屋さん、ガス屋さん、大工さんなどと、専門家がそれぞれの工事をしていました。

最近はリフォーム業者さんがまとめて請け負うケースもあります。しかし、業者さんによっては必ずしも「熟知」しているわけではないようです。

よく話題になるのが、躯体の撤去。何の根拠もないままに躯体を撤去する業者さんもあるようです。躯体はマンション全体の強度に影響します。もし撤去するなら構造計算をして、安全を確認してからのハズ。そういうことをしないで躯体を撤去するのは論外です。が、この手の話は結構耳にします。

また、マンションでトラブルになりやすいのが音と水。畳をフローリングにするときや、水回りの工事はトラブルになりやすいものです。これに対してどのような配慮をするのかを聞いてみて、その業者さんの考えを確認しましょう。曖昧な回答であれば、その業者さんは選ばないほうが無難です。

複数の業者さんと話してみて、見積もりも出してもらって、比較してみると業者さんの姿が見えてきます。

リフォームの範囲によりますが、配管、配線、躯体に関する工事は専門の知識が必要です。できれば「建設業許可」を持っている業者さんを選びましょう。

# 4章

# リフォーム計画の考え方

## 1　リフォームの目的を考える

ＤＩＹは思いつくままにやってもあまり問題はありませんが、リフォームはある程度の考え方の整理が大切です。考え方がしっかりまとまっていないと、時間や費用が掛かり、その割には思ったようなリフォームになりません。この章で述べることをよく理解し、リフォームの考えを固めてからリフォームするほうが満足度の高いリフォームになります。

まずは、何のためにリフォームするかを考えます。単にきれいにしたいのか。使い勝手を向上させたいのか。使い勝手の向上と言っても、具体的にどうしたいのか。何が問題なのか、何が足りないのかを考えます。そしてリフォームをすると生活がどのように変わるかを考えます。

収納を増やしたいのか、システムキッチン・節水トイレなどグレードアップした設備を入れたいのか、断熱性を向上させ結露を防止したいのか、音の問題を緩和したいのかなどを考え、そのためにはどうするかを考えて計画をチェックします（図表24）。

例えば、収納を増やしたいのなら、そこに何を入れるのか、そのためにはどのくらいの大きさの収納が必要かを考えます。収納は大きいほうがいいでしょうが、マンションは建て増しができません。限られた部屋の広さを、有効に使うためには必要な大きさにとどめることも重要です。

あらかじめリフォームの考え方を整理しておくことは、少ない手間とコストで最大限の効果を発

【図表24　リフォーム計画のチェックポイント】

施工が可能か
・どこまでが専有部分か
・理事会の承認が得られるか
・他の住戸に迷惑をかけないか
・消防法など関係法令に触れないか

棚設置
・間柱に留められるか
・しっかり取り付けられるか

洗面台交換
・洗面台の寸法がおさまるか
・化粧鏡をどう留めるか（ねじの位置が合うか）

便器交換
・節水型に交換するとき：排水が詰まらないか
・タンクレスに交換するとき：水圧が十分か

給湯器
・大きなものにするときはガス容量を確認

電気器具（エアコン・ＩＨ）
・稼働に必要な電気容量はあるか
・全部の電気器具を一斉に稼働するとどうなるか

防音
・畳をフローリングにするなどの床材の変更は慎重に
・小さな空間は太鼓の原理で音が大きくなる場合も

間取り変更・床
・床材の交換は遮音性能を考慮
・廊下や洗濯機の配置変更は慎重に
・トイレ、浴室の移動は下や隣の住戸に音が響かないか
・給排水管の移設は音や勾配を考え慎重に
・給排水管は異常がないか、交換しなくてよいか

長期修繕計画との整合性：リフォーム後に交換計画はないか。給排水管・窓、玄関ドアなど。

揮します。

思いつくままＤＩＹ。あるいは予算だけ用意して、あとは「専門家」に丸投げ。それを否定はしませんが、どうしたいかをはっきりさせてお任せしたほうが満足できるリフォームになります。

## 2　生活シーンを考える

リフォームをする場合、多くの人はそこに長く住むことを考えているでしょう。そうであれば、そこでの長期的な生活のシーンを想像し、それに合うようなリフォームを考えましょう。

当面の生活シーンはもちろんですが、長期的な視野での生活シーンも考える必要があります。

新婚さんであれば、やがては子供が生まれてくるでしょう。子供のためのスペースを考えてリフォームすることも大切です。当面は来客スペースに使う、

あるいは倉庫代わりに使い、子供がそれなりの年齢になったら荷物を処分し、子供部屋にするといったことも考えられます。

あるいは、もっと先の「老後」を見越して考えます。バスタブのふちが大きくなっていて、そこに腰かけてバスタブに入れるような形をしたユニットバスにしたり、併せて手すりを設置しておく、あるいは手すりをつけやすいように壁を補強しておくなども有効です。

このように、生活シーンを考え、それを見越したうえでリフォームしておけば、無駄なコストが削減できるし、長期にわたって満足した生活ができます。

「今だからこそ」ということで、新婚生活を楽しむためのリフォームや、小さい子供が暮らしやすいリフォームをすることももちろんかまいません。子供が生まれたり、子供が大きくなったときに再度リフォームをするかもしれないということも考え、自分たちは何がしたいかを考えておくことも大切です。

こうして生活シーンをよく考え、それに対してどうしたいかをしっかり考えておくと、後悔が少ない、満足度の高いリフォームができ、その満足度は長く続きます。

## 3　どこまでやるかを考える

何のためにリフォームするかが決まったら、どこまでやるかを考えます。多くの人には予算は限られているはずです。その中で、どこまでやるかを考えます。

システムキッチンの例で考えてみましょう。予算が１００万円だとします。１００万円のシステムキッチンを入れてそれで終わり。もちろんそれもいいです。システムキッチンの機能向上だけが目的であるならば。

しかし、「システムキッチンを入れて、キッチンを素敵にしたい」なら、キッチン全体について考えます。壁や床、天井、ドアをきれいにすることも考えたほうが満足度の高いリフォームになります。

流しを取り替えシステムキッチンにしようという場合は、相応の年月が経過しているはずです。そのために、流しと同様に壁や床、天井、ドアはそれなりに古ぼけています。流しを取り替えシステムキッチンだけが新品になると、システムキッチンだけがきれいで、相対的に部屋がみすぼらしく感じることがあります。

理想的なのは壁、床、天井も併せてリフォームする。そうすればキッチン全体が明るくなり、新しいシステムキッチンがよりきれいに見えることでしょう。

もし床と壁はくたびれていても、天井が比較的きれいな状態であれば、壁と床をリフォームし、天井はそのままにして、システムキッチンとの合計でリフォーム費用が１００万円に収まるようにする。そのためにシステムキッチンのグレードを下げるというやり方もいいかもしれません。

あるいは、もう少しお金を貯めてから当初の予定通り１００万円のシステムキッチンを入れ、壁と床も併せてリフォームするというのもいいですね。

いずれにしろ、何がやりたいかが決まったら「どこまでやるか」を決めたほうがいいです。

## 4 業者さんとの役割分担を考える

すべてＤＩＹでリフォームするのもいいですが、なかなか難しいでしょう。でも、自分がやりたいこと、あるいは自分ができる部分だけＤＩＹをして、あとは業者さんにお願いすれば工事費を安く抑えることができますし、それが現実的かもしれません。

例えば、先のシステムキッチンの例で考えてみます。簡単にできる天井・壁・床はＤＩＹし、システムキッチンの設置だけを業者さんにお願いするということもできます。

あるいは、配管・配線だけを業者さんにお願いして、内装とシステムキッチン取り付けをＤＩＹするというのもいいでしょう。

配管・配線は専門知識やノウハウあるいは資格が必要ですが、システムキッチンの取り付け自体は、説明書が付いているので、その通りにすれば取り付けができます。

業者さんに丸投げするとかなりの費用が掛かりますが、ＤＩＹすればかなりコスト削減ができます。しかも、「ＤＩＹでシステムキッチンを取り付けた」という満足感は結構大きいものです。

一部を業者さんにお願いするときは、あらかじめ業者さんと打合せして、お互いに作業上のロスが発生する「手戻り」がないように考えておくことが大切です。

例えば、システムキッチン取り付けを業者さんにお願いし、DIYで天井ペンキ塗り、壁クロス貼替え、床のCFシート貼替えをする場合を考えます。古いキッチンを撤去して天井塗装をし、クロスとCFシートを施工した後で、業者さんにシステムキッチンを取り付けてもらうと効率よく作業が行えるかもしれません。逆にシステムキッチンを取り付けた後に天井のペンキを塗るとなると、ペンキがシステムキッチンや床に付かないようにする「養生」が発生し作業量が増えて大変です。

業者さんに一部の作業をお願いしてリフォームするときは、あらかじめ役割分担を考え、しっかりと打合せしておくことが大切です。

## 5　退去後を考える

ずっと一生そこに住むのであれば、これは考える必要はないかもしれませんが、もし、引っ越す可能性があるなら、退去後に元の状態に戻す「原状復旧」をどうするかも考える必要があります。

例えば、ファミリータイプマンションでバスタブを撤去しシャワールームにするとします。ワンルームであれば、シャワーさえあればいいという人も結構いますので、シャワーのみでも売却や賃貸は容易かもしれません。

しかしファミリーだと、やはりバスタブは必要と考える人は多いでしょう。バスタブのないファミリータイプのマンションはなかなか売れないかもしれません。誰かに貸すとしても、バスタブがないということで借り手が限られるのは容易に想像できます。もしかするとバスタブを設置しないと売却も賃貸もできないかもしれません。もし、将来転居する可能性があるならバスタブは残すような形でのリフォームがベターです。

将来の退去が予想され、退去時の売却・賃貸を考慮した上で「最悪のときはお金を払ってまたバスタブを取り付ければいい」と考え、そのうえでシャワーのみにする。そう考えるならそれはそれでかまいません。そういうことまで考えたうえでどうするかが大切です。

「今」の自分には必要ないかもしれませんが、何も考えずに、退去のときになって慌てることのないようにしましょう。

もとの状態に戻す「原状復旧」も頭の中に入れてリフォームを考えておくと、思ったとおりにリフォームが仕上がらなかった場合にもやり直しが容易です。

## 6　リフォームの流れ

マンションのリフォームは管理組合の承認等や、周りの部屋に住む人の理解が必要です。

リフォームするには手続等をしっかりとしなければなりません。

リフォームを考える際には次の5章で述べるリフォームの注意点をしっかり押さえて計画しま

しょう。これらの注意点を無視したリフォームは避けましょう。マンションならではのポイントを押さえたうえでリフォームを考えなければなりません。

計画時には考えているリフォームができることか、できないことかを管理組合に確認しながら進めます。リフォームの内容が決定したら、次は施工の調整をします。施工の方法、日程を調整し、必要に応じて届け出や承認を得ます。

施工の前には周りの部屋に住む人への挨拶や広報を行います。上下左右の部屋など、迷惑がかかりそうな部屋に事前に挨拶をし、施工についての理解を得ます。施行前には、概要を掲示します。

管理組合の承認等と、周りの部屋に住む人の理解。これが、マンションリフォーム施工の最重要点です。ここをきちんとしておけば、トラブルはかなり防ぐことができるはずです。

**【図表25　リフォームの流れ】**

リフォームを考える
- 目的を考える
- 生活シーンを考える
- どこまでやるかを考える
- 業者さんとの役割分担を考える

※管理組合と必要に応じて調整

管理組合と施工の調整
- 施工の可否
- 施工方法･日程
- 届出や承認

あいさつ・広報
- 左右上下の接する部屋
- 施工に使う階段に接する部屋
- 施工概予定掲示

施工
- 音やほこりをできるだけ出さない
- 予定した施工時間に施工する

完了届
- 管理組合へ報告
- 掲示物撤去
- あいさつ先への報告

施工にあたっては、騒音、ほこり、搬入搬出などで、細心の注意を払い、迷惑をかけないように気を使って施工します。

工事が完了すれば、管理組合に完了の報告をし、指示があれば必要な書類等を提出します。また、事前にあいさつに行った部屋にも完了を報告します。

これらの流れは図表25にまとめました。

# マンションDIY5か条

マンションは戸建と違って集合住宅です。周りの人への気配りが重要です。そのための考え方をまとめてみました。

最低限この5か条をしっかり守って、少しでも迷惑をかけないよう努力し、リフォームを楽しみましょう

**1　迷惑を考える**

施工中や施工後にも、ほかの人に迷惑がかからないように考える。

**2　事前に確認をする**

やっていいこと・いけないことを確認する。電気・ガス容量は管理組合に確認し、容量アップでほかの人に迷惑がかからないことと、容量アップできず投資が無駄になることがないかを確認する。

**3　音を十分考える**

施工中の音、施工後の音を最小限にする。施工の日・時間帯を考える。

間取りや床材の変更は慎重に行い、他の部屋に大きな音が伝わらないように考える。

**4　水を漏らさない**

給排水の工事は確実に行う。給排水管は早めの交換をして漏水事故を未然に防止する。

**5　事前に承諾を得る**

多少なりとも他の住戸に迷惑をかける可能性があるものは、事前に知らせ承諾を得る。

5章

# マンションリフォームの注意点

## 1　自分のうちでも自由じゃない

戸建もマンションも自分の家という点では一緒ですが、この二つには大きな違いがあります。戸建と違ってマンションは「共同住宅」です。つまり、上下、左右の「お隣」に壁一つで接しているということです。

そしてマンションには管理規約があり、これを遵守しなければなりません。だから、「自分の部屋であっても好き勝手にはできない」のです。

まず、共用部分は手を付けられません。例えば玄関ドアを「木製の豪華なドアにしたい」と考えても基本的にはダメです。「広いルーフバルコニーに物置を置きたい」と思っても、共用部分ですから廊下に物を置くのと同じ考えとなりますのでダメです。もちろん建て増しもダメです。

専有部分である室内についても規制があります。躯体にクーラー用の穴をあけようと思っても理事会の承認がなければダメです。隣り合わせの住戸を買って壁をぶち抜いて一部屋にしようと思っても基本的にはダメです。窓を大きなものに取り換えたいと思っても躯体を加工するので基本的にはダメです。場合によってはフローリングですら使用する材料に制限がかけられています。

管理規約はマンションの憲法です。当該マンション管理規約をよく読んで、管理組合にも確認し、どこまでが自由にできて、どこからが自由にできないか、十分に把握してリフォームすることが重要です。

もし管理規約を守らない場合、理事長は「是正等のための必要な勧告又は指示若しくは警告」「差止め」「排除又は原状回復のための必要な措置」等をとることができるようになっています。

## 2　お隣・階下への配慮

マンションのリフォームで最も考えるべきことは、他の住戸への配慮、すなわちお隣・階下への配慮です。そしてその最たるものは「音」と「漏水」の問題です。

これは上下左右で壁を共有する共同住宅では避けられない問題ですが、お互いが気持ちよく生活していくための最重要課題かもしれません。

特に音への配慮は重要です。リフォームにおいて深く考えなければならない問題は、床材や間取りの変更と給排水管です。

吸音性のある畳やカーペット敷きの床を、吸音性に劣りがちなフローリングに変えるときは、階下への音の伝わり方が変わってきます。

トイレを階下の住戸の寝室の真上に持って来れば、夜間のトイレ使用時の音が階下の寝室に響く可能性が出てきます。洗濯機置場についても同様です。

また、隣戸への音防止には界壁側にクローゼット・押入れ等による「大きな空気層」をなるべくつくって少しでも音が緩和できるように考えます。ただし、小さな空気層（ふかし壁）をつくると、その空間が「太鼓」のようになり、隣戸へ音が増幅されることもあるので注意が必要です。

このように、音の問題はマンションにとって重要であり、かつ、状況によって一概には言えない部分もあるので、床材や間取りの変更時には音に関しての十分な配慮が必要です。できるだけ床材や間取りを変えないことはトラブルを未然に防ぎます。

## 3 管のメンテナンス

もう一つ特に気をつけたいのが「漏水」です。

マンションは「水」を使います。水を供給する管を「給水管」、水を排出する管を「排水管」といいます。排水管は台所、浴室、洗面台、洗濯機などでの排水に使う「雑排水管」、トイレの排水をする「汚水管」に分けられます。これらは、部屋の床の下とコンクリートスラブ(床のコンクリート)の間に設置された横引き管を通って、共用部分の竪管と呼ばれる管につながっています。古いタイプではコンクリートスラブの下に配置され、下階の部屋の天井裏を通って竪管につながっている場合があります。横引き管は床下（または下の階の天井裏）なので、普段見える状況ではなく、メンテナンスも容易ではありません。

標準管理規約では床下の横引きの給排水管は「専有部分」になっています。つまり、給排水管は自分で補修し、漏水で下階に迷惑をかけたら自分で賠償しなければならないということです。

給水管は接手部に錆が生じる可能性が高くなっています（図表5）。写真を見ると接手部を中心に腐食しています。大きなコブもできています。これが赤水の原因になったり、水の流れを阻害したりします。さらに腐食が進行し接手部が水圧に負けて破裂すると、一気に水が出て大きな漏水につながります。こうなると階下への補償や、漏水箇所特定や修繕に多額の費用がかかってしまいます。

排水管も接手部が傷んでいたり、外れかけたりしていることがあります。給水管と違って「一気に」水が漏れることは少ないですが、長い間の漏水が床下にカビを発生させたり、床材を腐らせたり、階下への漏水のもとになります。

ちなみに、中古物件を買うときはここもチェックポイントです。リフォーム済み物件を買う場合は、給排水管が交換済みかどうかを確認しましょう。

## 4　電気・ガスの容量を考える

電気やガスを使う設備をリフォームする場合、電気・ガスの容量を考える必要があります。

古い建物ではクーラーやＩＨコンロ、ガス給湯器などが考慮されてないケースもあります。電気・ガスの容量が不足していることがあります。

電気・ガスの容量は十分か、確認してからリフォームしなければなりません。

例えば、システムキッチンを入れる場合。ＩＨコンロが３つも付いたおしゃれなシステムキッチンがあります。「単なる流しの交換なので特に問題はないか。」そうはいきません。

古いマンションでは、部屋の電気容量は20Ａまでといった上限があったりします。

また、建物全体での電気容量が足りなくて容量アップができない場合もあります。

電化製品を追加するときは必要な容量の電気が使えるか確認する必要があります。これを怠ると、最悪の場合、ＩＨコンロが使えないかもしれません。

エアコンを追加で入れようとする場合も同様です。エアコンは躯体に取り付けるのでなければ承認は不要です。しかし、電気容量が足りないとせっかく追加で取り付けたエアコンでも、一台ずつしか使えないかもしれません。

多額の費用をつぎ込んでオール電化にしても、それが稼働できる容量の電気契約ができなければ、全くの無駄な投資になります。

ガスについても同様です。給湯器は16号までといった制限があったりします。ガス給湯器を大型のものに代えるときは注意が必要です。ガスメーターや、マンション全体のガスの容量を確認しなければなりません。

特に古いマンションの場合は、電気・ガスの容量を確認してからリフォームしないと、全くの無駄な投資になる場合があります。

# 5　どこまでできるか

では、どこまでリフォームできるのでしょうか。

自分でリフォームできるのは専有部分だけです。平たく言うと室内のコンクリートの躯体の表面（室内側）までの部分です。その中でもパイプスペースなどの共用部分は変更できません。

その専有部分は厳密にはどこまでになっているのか？

答えは管理規約に定めてあります。本書では３章の２に標準管理規約の定義と解釈を書いています。しかし、これは標準管理規約での話です。マンションによって当該マンション管理規約が標準管理規約と異なる場合があります。この場合は、当該マンション管理規約が優先されます。

標準管理規約は、いいかえれば国が示した「お手本」の管理規約であって、関係法令に抵触しなければ、当該マンション管理規約が標準管理規約と違うことがあっても問題はありません。原則として当該マンション管理規約が優先されます。

当該マンション管理規約で定めても例外として認められないのは、区分所有法などの関係法令で禁止している事項です。区分所有法その他の法律で禁止されていなければ、管理規約は自由に定められます。以上から、当該マンション管理規約を確認してみることが重要です。

なお、当該マンション管理規約は自分たちで定めることができます。関係法令に抵触しなければ自分たちに都合がいいようにできます。

管理規約は総会を開いて区分所有者数および議決権数の各4分の3以上の賛成があれば変更できます。例えば、古いマンションであれば、当該マンション管理規約で給排水管を共用部分と定めて、管理組合が管理することも一考の価値があります。

## 6 長期修繕計画を考える

「長期修繕計画書」というのは、これからそのマンションがいつどのような修繕をする計画なのか、そのために資金計画をどうするかなどを計画しているもので、国土交通省は5年ごとに見直すように指導しています。この長期修繕計画書で、おおよそのマンション修繕計画がわかります。

リフォームの前に管理組合に長期修繕計画について問合せを行い、今後管理組合で一斉に専有部分も含めた給排水管の工事を実施する予定はないか確認しておきましょう。

給排水管の工事には床や壁を剥がすこともあるので、もし長期修繕計画に給排水管工事予定があるなら、それまで専有部分の床のリフォームは待ち施工後にリフォームするのか、もしくは管理組合の工事を待たず自分の費用で給排水管を取り替えるかを考えることが必要です。

リフォームに当たっては必ず管理組合に長期修繕計画書もしくは今後の工事について問合せをしておきましょう。

コラム

## プチリフォーム（図表3）

お金をかけずに雰囲気をよくしたい。その考えは悪くありません。実際に私もそんなリフォームをします。図表３がその一事例です。

この物件はワンルームで、なんとなくくたびれていましたが、住む人によっては気にならないレベルかもしれません。でも、オーナーは「若い女性好みのお部屋にして、賃料アップを狙いたい。でも、できればお金をかけたくない」。そう考えていました。

そこで、優先度の高いものから段階的にリフォームを重ね、入居者が決まった時点で施工終了というストーリーを考えました。

まず、優先度、手戻り、工事費を考えて「施工内容と手順」を決めました。①キッチンのカッティングシート貼りと取っ手交換、②床のＣＦシート貼り、③風呂ドア横の柱補修、④電気コンロのＩＨ化、⑤コンセントカバー変更、⑥給湯器の装飾、⑦窓枠美化、⑧壁クロス貼替え⑨天井クロス貼替えという順にＤＩＹし、ＤＩＹ中でも入居者が決まった時点でリフォーム終了という戦略を立てました。

そして、予定した順番に一つひとつ仕上げていきました。

リフォームは⑦まで進み、⑧の壁クロスを貼替える段取りをしているときに入居者が決まりました。

結果として、貼り替えるかどうか悩んでいた手間のかかるクロスは貼替えなくて済み、プチリフォームだけで入居者が決まり、投資を少なくすることができました。

このように、思いつく部分を一つひとつリフォームするプチリフォームもアリですね。ただし、この場合も、自分が何をしたいか、順番を考えてリフォームすることがやはり大切です。

## リフォーム済みはお買い得か

築古のマンションの場合、「リフォーム済み」としてきれいになった状態で売りに出される場合があります。見た目は新築同様。きれいですが、チェックすべきポイントがあります。

一つは給排水管の更新がされているか、という点です。マンションの給排水管は 30 年程度で交換を検討すべき時期に来ます。多くの場合、給排水管は床の下で、床板を剥がさないと交換できないことがあります。もし、漏水が発生したり、給排水管交換をするときは床を剥がすこととなります。こうなるとせっかくきれいになった床も再度やり直しということになりかねません。リフォーム済みの場合はここを確認しましょう。

大規模修繕との整合性も確認しましょう。リフォーム済みで買っても、管理組合が専有部の給排水も大規模修繕で交換することもあります。こうなれば、床板を剥がすことになります。せっかくの新しい床でも部分的に補修するか、やりかえるかという選択肢を迫られます。

また手抜きも心配です。自分が住むための部屋でなければ、リフォームの費用は最低限で済ませたいと考える人は多いでしょう。こうなると「よくない業者」は手抜きを考えます。シロアリが居ても見てみぬふりをする業者、漏水があってもとりあえず隠してしまう業者などを実際に見てきました。

一方、現況渡しの古ぼけた部屋もあります。こういう部屋はリフォーム工事代程度の値引が可能であれば、お買い得といえます。

なぜなら、安く買えたうえに自分の思うようにリフォームが楽しめるからです。

# 6章

# 標準管理規約はどうなっているか

# 1　管理組合の対応

この章では、管理組合がリフォーム申請にどう対処するかということを、標準管理規約に基づいて説明します。標準管理規約は「お手本」なので、当該マンション管理規約に別の定めがあればその定めが優先されます。

「マンション標準管理規約（単棟型）コメント」には、17条関係②に承認を必要とする「共用部分又は他の専有部分に影響を与えるおそれのある」ものの具体例として、「床のフローリング」「ユニットバスの設置」「主要構造部に直接取り付けるエアコンの設置」「配管（配線）の枝管（枝線）の取付け・取替え」「間取りの変更」等とし、考え方を別添2に示すとしています。

理事長に提出する申請書には、対象住戸、工事内容、工事期間、施工業者を記入し、設計図、仕様書及び工程表を添付します。

承認、不承認の判断は理事会の決議によります。

承認を行うにあたり、専門的な判断が必要となる場合は「専門家の協力を得ることを考慮する」となっており、「特に、フローリング工事の場合には、構造、工事の仕様、材料等により影響が異なるので、専門家への確認が必要」とあり、フローリングの問題が重要であることがわかります。

また、承認の判断にあたっては「マンションの高経年化に伴い専有部分の修繕等の必要性が増加することも踏まえ、過度な規制とならないようにすること、修繕技術の向上により、新たな工事手法に係る承認申請がされた場合にも、別添２に示された考え方を参考にすればよいことに留意」とあり、別添2を重視し、過度な規制をしないように記されています。

さらに、「工事内容が上下左右の区分所有者に対して著しい影響を与えるおそれがあると判断される場合には、当該区分所有者の同意を必要とすることも考えられる」とあり、トラブルの防止を重視しています。

## 2　承認が必要な給排水管工事

給排水管を改修する工事（給排水管の改修を伴う浴室の改修等を含む）は、給排水管の維持、円滑な給排水、騒音の防止のため、漏水や騒音を考慮した制限が必要となっています。承認の条件は次のとおりです。

・高圧洗浄用の掃除口があること、排水管の屈曲部等が高圧洗浄可能なものであること
・排水勾配が確保されていること
・給排水管に防音対策が講じられていること
・給排水管と共用縦管の接続位置を変更する場合には、共用縦管への加工について確認

特に排水管を移動させる場合は要注意です。勾配が緩やかになると排水がスムーズにできなくな

り漏水事故につながるので、排水管の移動は勾配をチェックし従来と同じように排水できるようにします。給排水管は水漏れを起こすと大変なので、専門家でない限りＤＩＹは避けましょう。

## 3　承認が必要な設備工事

次の設備を改修する場合は、火災に対する安全等のための端末の稼働の確保、騒音を伴う設備設置の制限、共用設備の利用の確保のため制限がかけられます。

このときは火災の拡大、避難の遅れ、騒音、停電、ガス圧低下、一部区分所有者による共用設備の不公平な利用が考慮されます。承認の条件は次のとおりです。

・住宅情報盤、感知器、スプリンクラーの改修工事は、設置する端末機器、配線を確認。
・ジェットバス、夜間電力を利用した給湯器を設置する工事は、設置する機器、防振・防音対策を確認。
・ディスポーザー破砕機を交換する工事は、設置する機器、防振・防音対策を確認。ただし、処理槽の状況によっては設置自体を禁止。
・電気を利用する設備の工事は、電気契約量を確認。
・ガスを利用する設備の工事は、ガスの使用量を確認。
・電話回線を利用する工事（新たに回線を利用するものに限る）は、空き回線の状況を確認。

特に消防設備は、安全にかかわるものなので注意して確認しましょう。

電気、ガス、電話回線は「既存設備の状況によっては管理組合が、幹線等を改修・ガス管等を改修・配線番頭を改修と「別添2」には記載されています。

資格が必要なものは有資格者に施工してもらい、ＤＩＹは避けましょう。

## 4　承認が必要な大規模なリフォーム工事など

### 大規模なリフォーム工事

大規模なリフォーム工事は、主要構造部の構造安全性の確保の目的で、躯体損傷の制限がかけられます。承認の条件は次のとおりです。

・はつり等により躯体に悪影響を与えないことを確認。スラブ上の均しモルタルのはつり等、躯体コンクリートの工事を伴わないものは承認をすることが考えられる。

躯体コンクリートへの穿孔またはアンカーボルト等の金物の打ち込みを行う工事は、躯体へ悪影響を与えないことを確認。

### 床材を張り替える工事

床材を張り替える工事（フローリング工事など）は階下への騒音の防止の目的で、騒音の制限がかけられます。承認の条件は次のとおりです。
・新築時と同等以上の遮音性能を確認。
別添2の注2にフローリング工事の場合には、構造、工事の仕様、材料等により影響が異なるため、専門家の確認が必要とあります。フローリング工事には十分注意しましょう。

**エアコン用の穴あけ**

標準管理規約別添2の注3には、高経年（古い）マンションの穴あけに関して「スリーブ増設の条件として、構造計算にかかわらない部位であって、レーダー等による配筋確認の上行うことを確認する」と、壁への穴あけを条件付きで認めるような記述があります。

**その他**

共用部分は原則としてリフォームできませんが、別添2にはエアコン室外機設置など共用部分への区分所有者が行う工事に対する制限の考え方が示してあります。

## 5 「届出が必要な工事」と「届出も不要の工事」

「マンション標準管理規約（単棟型）コメント」17条関係⑫に、承認不要でも業者の立入り、資機材搬入、騒音、振動、臭気等の影響を管理組合が事前に把握するために届出を求めるとあります。

さらに、届出に加えて工事内容等を掲示する等の方法により他の区分所有者へ周知を図ることが適当とあります。

別添2には「届出が必要な工事」と「届出も不要の工事」との記述があり、それは次のようになっています。

届出が必要な工事として、「工事業者が出入りする工事」と「騒音・振動が発生する工事」が記述されています。

工事業者が出入りする工事は、業者の出入りを管理、工事による影響がでた場合にどの工事が原因かを確認できるようにするとあり、工事時間・工事内容・業者名を届出となっています。

騒音・振動が発生する工事については、他の区分所有者がわかるよう工事期間と工事内容を掲示となっています。

届出も不要の工事として、他の区分所有者への直接・関節の影響がない工事となっています。

例として、専有部分の電球の取替え、水道のパッキンの取替え、シャワーヘッドの取替え、温水洗浄便座の取替えが挙げられています。

わかりやすい言葉で書くと「業者さんが入らないＤＩＹで、音も振動も出ない工事で他人に何ら迷惑をかけない工事」は届出が不要ということになり、ＤＩＹでも「音や振動が出る工事、業者さんが入る工事」は届出が必要ということになります。

# 管理規約はさまざま

マンションの憲法ともいえる管理規約。国が「標準管理規約」というものを定めています。これをもとに多くのマンションの管理規約がつくられています。

しかし、これは絶対的なものではなく、関係法律に触れなければ、規約は自由に定められます。

例えば、管理者の長である理事長は組合員である「区分所有者」から決めるほうが自然な気がすると思いますが、実は「区分所有者に限る」と、規約で定めてなければ占有者である賃借人がなっても法律上は問題がありません。

最近は所有するマンションには住まず、部屋を賃貸する人が増えてきています。自主管理の場合、住んでいない人は役員をしないケースがあります。また、住んでいても高齢のために役員の任務を遂行するのが困難な人もいます。こうなると自主管理の場合、役員をする人がいなくて困っているケースも多いようです。中には管理規約や細則に「不在区分所有者」として、通常の管理費のほかに「協力金」などの名目で費用負担を求めていることもありますが、問題ありません。ただし、金額については最高裁で争われ、和解の結果、管理費と修繕積立金の15%程度で落ち着いたようです。

リフォームについても同様で、管理組合によっていろいろな定めが想定されます。これらの定めがあれば、法に抵触しない限りは従わなければなりません。リフォームに当たっては、「これくらいはいいだろう」などと安易に考えると面倒なことにもなりかねません。管理規約を必ず確認しましょう。

# 7章

# 手軽にDIYを楽しむ

## 1　届出が不要なリフォーム

今まで述べてきたことをわかりやすく書くと「別添2の表にまとめた共用部分や他人に影響が出そうな工事は理事長の承認を得なさい。騒音等が出たり、業者さんの出入り、資機材搬入がある場合は事前に届けなさい。他人に影響がなく音やほこりが出ない業者さんの出入りもないようなＤＩＹは承認も届け出も不要です」ということになります。

この7章で述べるＤＩＹについては、共用部分や他人には影響がなく、工事業者の出入りはありません。

電動工具や金づちなどを使わず注意して施工すれば、大きな騒音・振動もほとんど発生せず、他の人に迷惑をかける可能性は少ないです。

こういったことから「承認も届出も不要」と考えることが可能です。

しかし、お互いに気持ちよく生活を続けていくためには「承認も届出も不要」と思われても、間違いなく不要かを確認し、管理組合や関係する人には「あいさつ」をしておいたほうがいいでしょう。事前のあいさつが人間関係を良好にし、トラブルを未然に防ぎます。

なお、これは「一般的」な標準管理規約の記述です。当該マンション管理規約を必ず確認しましょう。もしかしたら届出等が必要になっているかもしれません。

標準管理規約より、当該マンションの管理規約が優先されるので、必ず当該マンション管理規約を確認してください。

## 2　ペンキ塗り

おそらく、多くの人にとって一番簡単で、取り組みやすいのがペンキ塗りです。用意する道具は少ないし、高度なテクニックがなくてもできます。家族と一緒に楽しめます。塗装すれば見違えるようにきれいになります。簡単にできて満足度も高いＤＩＹです。

とりあえず必要なものは、ペンキ、ハケ、ローラー受け皿、マスキングテープです。

まずは塗装する面を清掃します。塗装する面がきれいだとペンキがきれいに塗れます。汚れがあるとペンキがうまく付かなかったり、はがれやすくなります。汚れが激しいときは紙やすりなどで表面を磨きます。

ペンキは少し薄めると塗りやすくなります。水性ペンキの場合は水で薄めることができます。少し薄めたペンキで塗って、乾いたら再度塗ります。こうして「重ねて塗る」ことによって、仕上がりが確実にきれいになります。ペンキが垂れてその部分が膨らんだ「ダマ」になったところは、ペンキが乾いてから紙やすりで削って、さらにペンキを塗ればきれいになります。

ペンキは水性タイプが塗りやすいので、初心者にはおすすめです。また、こぼれてＣＦシート等に付いた場合でも雑巾等でこすればほぼとれます。

ハケは万能タイプというものが初心者にはいいと思います。筆の部分の太さが違うものをセットにして売っています。最初のうちはそれでも十分です。

塗る面積が大きい場合は、丸いローラーに持ち手のついた「ローラーバケ」を使います。ローラーバケとペンキを入れる「ローラー受け皿」がセットになったものが売っているので、好みの大きさのものを選びます。ペンキを付けるローラーは大きさや材質がいろいろあります。ローラーの種類によって塗り具合や塗った後の感じが変わります。ホームセンターで、何に塗るのかを店員さんに告げて選びます。最初のうちは万能タイプでもいいかもしれません。

ペンキを塗るときは、塗りたくない部分にマスキングテープと呼ばれる紙テープのようなものを貼ります。ペンキがテープの表面に付いても、テープをはがせばその下の部分にはペンキが付かないという仕組みです。

テープ端部はしっかりと押さえ密着させます。テープと塗る面の部分に空間があるとそこにペンキが入ってにじんだりします。また、床にはブルーシートなどを敷いてペンキが落ちても床が汚れないように「養生」しておきます。

なお、クロスの上からペンキを塗ると、次回クロス貼替えのときにクロスがはがれにくくなって苦労することがあります。

## 3　クロス貼替え

クロス貼替えも簡単にできるＤＩＹです。そして、ペンキより質感がありま す。デザインが豊富でおしゃれな「剥がせるクロス」も市販されているので、こういうので楽しむのもいいでしょう。

コストを下げたいなら、糊をクロスに付けて貼る従来タイプがおススメです。クロスを貼る糊は専用のものを使います。水で薄めて使うタイプの糊を使うと割安に施工できます。工具は、ローラーバケ、ローラー受け皿、地ベラ、カッターナイフ、ジョイントローラー、タオルがあれば、何とかなります。

ペンキ塗りに使うローラー受け皿に糊を載せローラーに糊を付けます。ローラーでクロスの裏側に塗っていきます。しばらく放置し（5～10分）クロスと糊をなじませると貼りやすくなります。

クロスは貼る場所より少し大きめに切っておき、壁に貼り付けた後に周りの余分な部分を地ベラという定規を使いカッターナイフでカットします。クロスの継ぎ目はクロスをダブらせて(重ねて)から、地ベラを当てて上下2枚一緒にカットし、余分な部分を取り除き、継ぎ目を合わせてジョイントローラー等でしっかり押さえます。貼るときに壁紙用刷毛というブラシを使うと楽ですが、タオル等でも代用できます。

クロスの上にクロスを重ねて貼るとはがれやすいので、古いクロスは剥がしてから（薄い裏紙は残っていても構いません）新しいクロスを貼ります。このときに、壁にでこぼこがあればパテで埋めて平滑にしておくと仕上がりがきれいです。釘等が錆びていれば紙やすりで削った後にペンキを塗っておくと、錆色がクロスの表面に出にくくなります。

また、下地のでこぼこを拾いにくい（でこぼこが目立ちにくい）クロスを使うときれいな感じになります。厚手のクロスはでこぼこがわかりにくい傾向にあります。

柄の入ったクロスは、つなぎ目で柄を合わせるのが難しいので、初心者のうちは無地に近いものが簡単で、おススメです。レンガ模様などの上下があるものは、上下を間違えないよう注意します。

また、糊がクロスの表面に残ると、長い年月で変色することがあります。余分な糊はきれいにふき取っておくと時間がたっても汚れになりにくいです。

## 4　襖にクロスを貼る

襖にクロスを貼る？　職人さんはそういうことはしないでしょう。私も否定派でした。

でも、今までの常識を覆すことができるのもＤＩＹの楽しみです。

襖にも壁と同じような柄のクロスを貼ると、壁と一体感が出てきます。襖の存在感が少なくなり、部屋として広い感じにもなります（図表２）。襖紙よりクロスのほうが値段も安いし、襖紙より汚れや破損にも強いです。貼り方にちょっとしたコツがあります。私のやり方を参考までに紹介します。ただし、クロスが縮んで襖が変形する可能性はあります。自己責任でお願いします。

襖の引手（丸や四角に窪んだ金属の部分）を外します。小さな釘で止めてありますので、マイナスドライバーやニッパーなどで外します。襖の枠は残してクロスを貼るので、枠の色が気になるようならクロスを貼る前に襖の枠を塗装しておきます。

枠を付けたままの襖を寝かせて、その上に糊を付けたクロスを静かに乗せ、襖の枠に合わせてカットします。このときに、既存の襖紙や枠を切らないように注意します。

クロスをあまり強く引っ張って貼ると、糊が乾いたときにクロスが縮んで襖にゆがみが生じる可能性があるので、静かに載せます。

その後、枠とクロスの間にジョイントコーク（クロスを貼るときに使う接着剤）を打ちクロスを安定させます。襖を寝かせたまま、上に重しを載せます。

私は重しとしてワンバイ材を使います。これは２×４材の半分の厚みの板です。乾くまでこのまま放置しておけば、きれいに仕上がります。

糊が乾いた後に引手を付けます。既存の釘穴に差し込むならマイナスドライバーで押し込めます。襖の引手は、クロスの色に合わせて新しいものに取り換えるとさらに感じがよくなります。

余分な部分は糊が乾く前にカットし、ジョイントコークで端部を留め、枠との隙間もジョイントコークで埋めておくのがポイントです。

## 5　カッティングシート貼り

古ぼけた流しや、洗面台、棚などは、ペンキを塗ってもいいですが、結構な手間がかかります。

簡単にこれをきれいにするのがカッティングシートです。これは大きなビニールテープみたいなもので、色やデザインが豊富です。特に、大理石調・木目調などのデザインはペンキでは表現が困難なので、こういったデザインのものにしたいときはカッティングシートに限ります。また、ペンキに比べて表面に傷が付きにくいようです（図表2の流し台）。

シート自体にもいろんなタイプがあります。値段の高いものは気泡が残りにくかったり、より延ばしやすかったりと貼りやすい工夫がされています。

貼り方は、下地をきれいに掃除して、シートを少しずつ延ばしながら貼ります。気泡が残らないように注意します。どうしても気泡が残る場合は針で穴をあける方法もあります。書いてしまえばそれまでですが、説明書の貼り方をよく読んだり、インターネットで調べたりして勉強し、自分なりに経験を積んでいくと上手になります。

カッティングシートは高価ですし、施工が難しいのも事実です。貼る位置がずれたり貼り損ねた場合に、もう一度はがして貼りなおすことが困難です。

流しの扉などのプラスチック部分はカッティングシートがいいのですが、「自分が住むので剥がれたら補修すればいい。」という考えであればクロスを貼ってもいいでしょう。

クロスだと1回でうまく貼れなくても、糊が乾く前なら剥がして何度でも貼り直しができます。端部は剥がれやすいので、ジョイントコークなどでしっかり止めておくといいでしょう。貼った上から端部を含め全体にニスなどを塗って「保護膜」をつくるという手法もあります。

## 6　フローリングにCFシートを貼る

フローリングは使っているうちに色あせたり、傷が付いたり、ささくれ立ってきたりします。色も茶系が主流です。滑りやすいという欠点もあり、犬や猫には快適ではないかもしれません。傷んだり、色が気に入らないフローリングは、張り替えるとなると結構な作業になるし、ゴミも発生します。

実はフローリングはその上に直接ＣＦシートを貼ることが可能です。ＣＦシートを貼ることで部屋の雰囲気が大きく変わります。また水にも強く掃除も楽です。さらに断熱性・遮音性も若干向上します（図表３の床）。

施工はまず、ＣＦシートを床に合わせて切ります。ＣＦシートはロール状で売っているので、できれば切る前、あるいは切った後に延ばしたまま1日くらい置いておきます。こうすることにより、ＣＦシートがまっすぐに延びて貼りやすくなり、仕上げもきれいになります。

プロは接着剤で貼るようですが、赤尾はＣＦシート専用の両面テープで貼ります。専用の両面テープは薄いのでテープの段差が目立ちません。床面をきれいに清掃した後、私は１ｍピッチで両面テープを床に貼ります。その上にＣＦシートを載せて位置を確認した後に、両面テープの裏紙を剥がしてＣＦシートを貼ります。ＣＦシートとＣＦシートの継ぎ目はクロスと同じように重ねて切って余分な部分を取った後に両面テープで床に貼り付けます。継ぎ目はシーラーと呼ばれる溶着剤で仕上げます。これによりゴミや水が隙間から入らなくなり、長持ちします。

ＣＦシートの欠点の１つに凹みがあります。

これは重いものを載せるうちに弾力性を失い、くぼみができてしまうものです。程度の軽いものであればスチームクリーナーで温めると元に戻ることがあります。濡れ雑巾を載せて、その上に熱いお湯の入ったやかんや鍋を置いてもいいでしょう。

汚れや破れについては、施工時に余ったＣＦシートを保管しておけば部分的に貼替えできます。柄を合わせて重ね切りし、両面テープで固定した後にシーラーで処理すればきれいになります。

## ７　棚の取り付け

トイレや脱衣所に棚を取り付けると便利です。壁を裏側で支えている柱（間柱）を探し出し、その間柱に棚を取り付けます（図表６）。

【図表26　ワンバイ材でつくった枠】

間柱を探すには壁をドライバーの柄などで軽く叩きます。叩くと他と比べて音が重い部分があります。そこに間柱が入っています。30～45㎝の間隔で入っていることが多いです。

音が違う場所にマスキングテープなどを貼っていくと位置がわかりやすいですね。自信がない場合は、市販の「下地探し」を買って探す方法もあります。小さな棚であれば、見つけた間柱に棚受け金具をねじ止めして、棚板を置けば完成です。

少し大きな棚をつくりたいとき、私はワンバイ材でつくった枠（フレーム）を取り付けます。ワンバイ材を四角（ロの字の形）にビス止めして枠を作成します。この枠の上または下に合板を貼って棚板にします。棚の大きさ、必要な強度にもよりますが、枠を補強するためにワンバイ材を半分の幅に切ったものを適宜入れ、枠の強度を確保します。この枠を間柱の位置にねじ止めします（図表26）。

間柱が横向きに入っていて、希望する高さに枠を留められない場合は、床からワンバイ材や合板を壁に合わせて垂直に立ち上げ、そのワンバイ材や合板を間柱にねじ止めし、これに枠を付ければ、好きな高さにできます。また、間柱が入っていない場合は、厚みのある合板を壁に貼り付けて、その合板に固定することもできます。この場合は合板を床や天井に固定したり、数多くのビスで留めるなどで強度をしっかり確保します。出来上がったら、クロスを貼ったり、ペンキを塗ったりするときれいになります。電動工具を使って大きな音が出るようであれば、事前に管理組合に届け、上下左右の迷惑がかかりそうなお部屋にお住まいの方に挨拶をしておきましょう。

## 8　その他のＤＩＹ

その他に比較的簡単にできるＤＩＹとして、パッキン類交換、手すり取り付け、水栓（蛇口）交換、温水洗浄便座取り付けなどがあります。

水栓やトイレタンクのパッキン類を交換すると、気持ちよく使えます。

蛇口を締めても水がぽたぽた出るときはハンドル（蛇口をひねるところ）の下のナットを外してハンドルとスピンドルを取り出し、その下にあるコマを交換します。

水を流しているときにハンドルの下のナットあたりから水が出るときは、蛇口のハンドルを外してナットを外し、ナットの下にある三角パッキンを交換します。

自在パイプ（水が出る回せるパイプ）との接合部の水漏れは、接合部のナットを外し、自在パイプを下に引っ張り外したのちにＵ字リングを交換します。

お湯用と水用で蛇口が二つついている水栓をシングルレバータイプにするのも利便性が向上しま

す。壁に取り付けてあるものは、水栓側のナットを取り外した後、クランク（取り付け脚）も回してはずします。新しい水栓のクランクにシールテープを巻いて取り付け、新しい水栓を取り付けます。

トイレのパッキン類も見ておきます。水を流した後、タンクが満水になっても水が止まらないときは給水を止めるボールタップのパッキンを交換します。ボールタップは水位に合わせて動く浮き球の付け根にあります。便器に水がちょろちょろ流れるときはタンク下部のフロートバルブを交換します。

【図表27　手刷の取り付け】

手すりは棚の取り付けで述べたように、間柱の位置を探し出してその上にねじ止めします。適当な位置に間柱がない場合は、間柱にまずワンバイ材や厚みのある板を強固に取り付け、その板に手すりを取り付けます（図表27）。取り付け後は手すりに体重をかけ、強度を確認します。

これらは赤尾が書いた「ＤＩＹ賃貸セルフリフォーム&リノベでファン・ファン・ファン（セルバ出版）」にも記載がありますので、参考にしていただければ幸いです。

# 流しの水漏れ

ステンレスも古くなると錆びて穴があいたりします。流しのシンクが水漏れを起こすことがあります。

シンクの下の収納の床面やシンクの裏面を見てみましょう。床面に漏水あとがあればシンクからの漏水の可能性があります（写真）。シンクの裏面にはカバーが付いていることがありますので、これが異様に膨らんでいないか確認します。膨らんでいれば漏水の可能性が大きいです。

水漏れはシンクに水を張っても確認できます。シンクの排水口にふたをして水を張ります。シンクの深さの３割程度以上の水を入れます。そのまま１日置いて水が減らなければ大丈夫です。もし水が減っている場合は、シンク下の流し床面に漏水跡が付くはずなので確認できます。もし、水が減っていても漏水が見られない場合は、ふたの不良を疑います。ふたから水が漏れないようにして再度チャレンジします。この他に可能性があるのは、シンクと排水トラップ（シンクに下についている円筒状のトラップ）の取り付け不良です。緩んでいたり、パッキンがヘタっていたりします。

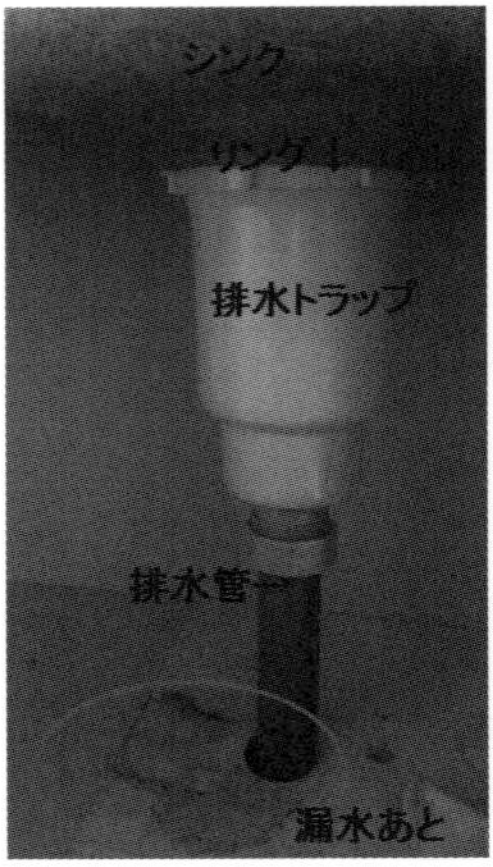


パッキン交換は排水管とトラップの接続を外し、シンク下の排水トラップに付いているナット状の締め付けリングを外します。その後トラップ本体を上に持ち上げると外れます。パッキンを交換したら逆の順序で取り付けます。リングが堅いときは突起部に木片を当てその木片を軽く叩いていけば緩む場合があります。トラップの中には水が残っているので、こぼさないように注意しましょう。

# 8章

# 大胆にDIYを楽しむ

## 1　事前説明・承諾はマンションリフォームの最大のポイント

８章では、場合によっては理事長に対し承認や届出が必要になるＤＩＹも考えてみました。当該マンション管理規約を確認して、管理組合に相談してみましょう。

また、当該マンション管理規約に定めがなくても、大きな音や振動、ホコリが出る工事は、事前に管理組合、上下左右の迷惑がかかりそうな住戸の方に挨拶して承諾を得たうえでリフォームしましょう。マンションでＤＩＹを楽しむのはここが大きなポイントです。

マンションでの工事は意外と音が響きます。振動も伝わります。騒音・振動は事前に「こういう工事を何月何日何時から何時まで行いたいと思います。音が少し出ますのでご迷惑をおかけしますがよろしくお願いします。」という感じで話をしておき、承諾を得ておけば許してもらえるケースが殆どだと思います。

しかし、事前の承諾を得てない場合、ちょっとした音でも気になる人は敏感です。ＤＩＹの最中に「音がうるさい！　工事を中止しろ」などと怒鳴りこまれるかもしれません。

また、施工後にも居住者間の感情のもつれがなかなかほどけないかもしれません。リフォームで気まずくなるのは悲しいことです。十分な配慮をしましょう。

そして、作業に当たってはできるだけ音やほこりを出さないように気を配りましょう。大きな音が出る作業をするときはドアや窓を閉めるなどの気配りも大切ですね。

あちこちの部屋でリフォームがされているような古いマンションでは、「施工日時の掲示」のみでOKという場合もあります。いずれにしても管理組合に確認しましょう。

## 2　敷居変更

襖や障子、ガラス戸など、左右方向に動かして開け閉めする戸を引き戸といいます。引き戸の上の溝が付いた水平方向の部材を鴨居（かもい）といいます。引き戸の下の溝またはレールが付いた、引き戸が行き来する水平方向に敷かれた部材を敷居（しきい）といいます。

古くなってくると敷居の溝がすり減ってしまい引き戸が開きにくかったり、敷居の溝と溝の間の山の部分がすり減って引き戸がすぐ外れる場合があります。

また、敷居の中央部分が大きくすり減っていて中央部分が谷のようになり、引き戸を閉めても引き戸と引き戸の下部、引き戸と柱の上部に隙間ができたりします。引き戸がそこで傾いてしまうこともあります。

大きくすり減った場合は、すり減った部分に新たな木材を貼りつける方法もありますが、ＤＩＹするのであれば、Ｖレールにするのがおススメです。

Ｖレールは、主に金属の板にＶ字型の溝が付いたもので、既存の敷居の上にねじ止めができま

【図表28　丸型戸車（左）とVレール（右）】

す。引き戸には踏面の中央が盛り上がったV型の戸車を取り付けます。これにより、開け閉めする力が少なくて済みます。敷居の上面が平らであればそのまま取り付けることができます。敷居とレールに段差が多少できるのが嫌ならば、敷居上部を一部削ってVレールを埋め込めばフラットに取り付けできます（図表28右）。

もし、引き戸がガラス戸であれば、ガラスをポリカーボネイトやアクリル板に変更すれば引き戸も軽くなるし、ガラス破損によるけがを防止できます。特に小さい子供がいる方は検討されるといいでしょう（図表7）。

敷居にレールが釘で取り付けられていて踏面が窪んだ丸形戸車が付いている場合（図表28左）や、引き戸に踏面が平たい平型戸車が付いている場合も、このVレールへの交換は有効です。開閉がかなりスムーズになります。Vレールは段差がほとんど気にならなくなります。

予算があれば敷居なしの「吊レール」に変更すると階下への音や振動を減らすことができます。

## 3　洗面台・流し交換は漏水に注意

古いマンションの場合、洗面台の水栓が水とお湯で別々であったり、シャワーがついてない物だったりします。あるいは古くなってみすぼらしかったりします。こういうときは新しい洗面化粧台に交換すると気分も明るくなります。洗面化粧台は数万円ですが、業者さんにお願いすると本体価格以上の工事費や処分費がかかることがあります。

交換は簡単にできるので、労力の割に節約効果が高いＤＩＹです。取替えは、水道の止水のバルブを閉め、蛇口をあけて管内に残った水を少しでも排水します。給排水管の継手を外し、古い洗面台を撤去し、蛇口を取り付けた新しい洗面台を設置、給排水をつなぎこんで、鏡を設置すれば完了です。洗面化粧台には施工説明書が付いてお

【図表29　洗面台交換】

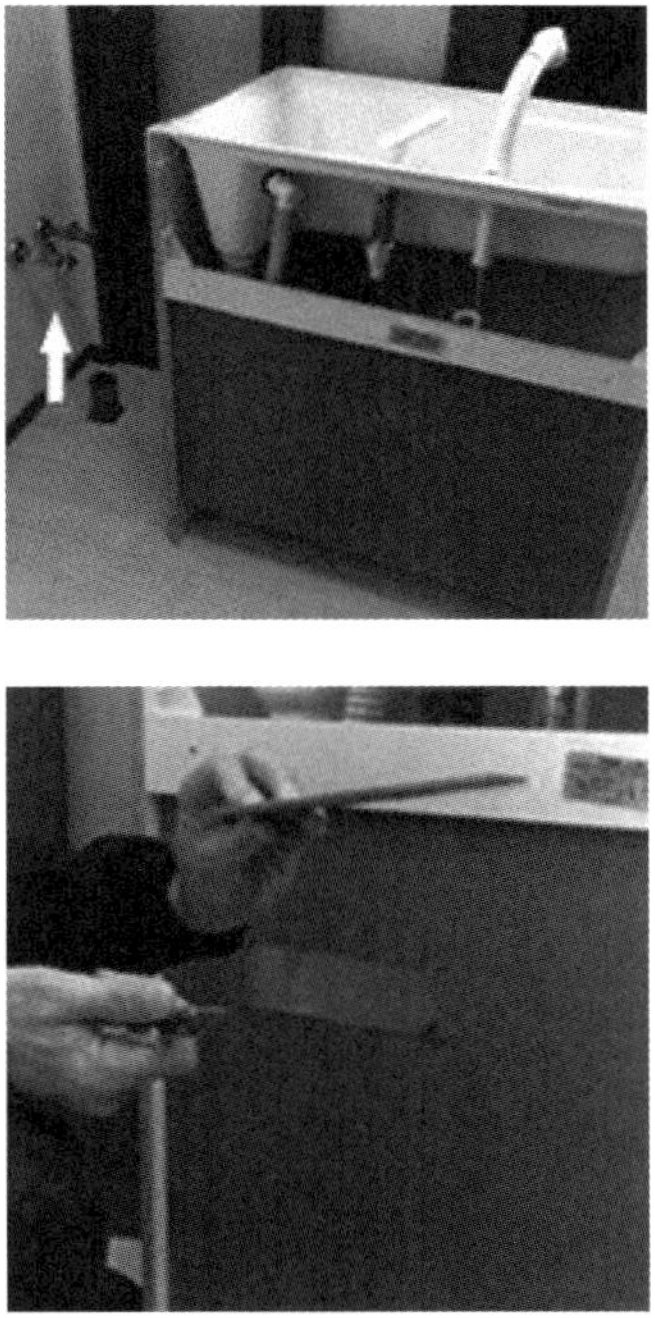

給水管の位置によっては
洗面台裏に穴をあける

り、説明書に従って組み立てれば出来上がるようになっています。流し交換もほぼ同じ手順ですが、壁に水栓が付いているタイプは給水をさわらなくていいのでもっと簡単です。

既存の給水管の位置によっては、洗面台の裏面に穴をあけたり、切りこみを入れる場合がありま す。また、水栓のホースと既存の給水管の位置が合わなければ、フレキシブルパイプという曲がるパイプを追加して調整します。フレキシブルパイプは慣れないうちは曲げるのが難しいので、価格は高くなりますが、ブレードフレキと呼ばれるものが初心者には扱いやすいかもしれません。

洗面台の排水管を、既存の排水管につなぎこんだ後は、ゴム製の防臭カバーキャップをしっかり付けます。これは床にあるつなぎこみ部分と排水管の隙間をふさぐものです。つなぎこみ部分に隙間があると、そこから下水の臭いが上がってきますし、ゴキブリなども入ってきます。

接続後は給排水の漏れがないことを確実に確認します。マンションの場合はつなぎこみが悪いと階下への漏水に繋がり大きな問題になったりするので、確実に確認します。

## 4　便器交換は漏水に注意

昔の便器は水の使用量が20リットルくらいですが、最近の節水トイレは5リットルに満たないものもあります。節約を考えると節水タイプに替えたいところです。

便器交換自体はそんなに難しくありません。給水管を外し、古い便器のネジを外して撤去し、新しい便器を取り付ければいいだけです。説明書が付いているのでその通りにやればできます。マンションの場合、排水口が床面でなく、便器の後ろにあって竪管に繋がっている場合がありますが、ここでは床面に排水口が付いているタイプについて説明します（図表13）。

便器を買うときは「リフォーム用」を買います。これは排水管のアジャスターが付いており、一定の範囲内であれば既存の配管と、新設便器の配管をこれでつなぐことができます。これがないと排水管の位置がうまく合わない場合が厄介です。

古い便器を外すときは、水道の止水のバルブを閉め、給水管を外します。タンクの中の水を流してタンクを撤去します。その後、便器内に残った水を捨てて便器を外します。タンクや便器には意外と水が残っています。また、タンクや便器は意外と重いので取り扱いには注意が必要です。

新しい便器を付けるときにはフランジと呼ばれる粘土状のリングを交換して取り付けます。ちなみに古い便器の下から水が漏れている場合はこのフランジが劣化していることが考えられます。

余談ですが、節水型トイレは、流す水が少ないので排水管が詰まることがあるようです。水が少ないので、排水管の途中で汚物等が止まって、そこで汚物等が乾燥してダム状態になって流れにくくなるようです。また、大用と小用のレバー接続施工ミスといったこともあるようです。一人暮らしや、昼は外出していることが多いなどで1日の使用頻度が少ない場合は、使用後に2回水を流すなどの工夫で解決するという方法もあるようです。

はやりのタンクレストイレは水圧の問題もあるようで、古いマンションの場合は給水管内部が錆びるなどで水の勢いが弱くなっている場合もあり、事前の確認が大切です。

便器交換後に階下への漏水がないよう十分注意して施工します。

## 5　要注意。和室を洋室に

和室の畳を撤去し、フローリングの洋間にする。よく見られるリフォームです（図表8）。しかし、これが要注意です。それは階下への音の問題があるからです。標準管理規約では階下への騒音の防止の観点から「理事会の承認を要する工事」となっています。

畳には、断熱性・遮音性があります。その畳を撤去し、その上に直接フローリングを張ると、遮音性が低くなり、歩く音や、椅子を引く音などが下の階により響くようになります。これがトラブルを生む原因になります。そこで、管理組合によっては、フローリングについては遮音性能の高い材料の使用を指定するなど厳しい制限をかけています。

和室を洋室に変更するときは、この音の問題が最も重要な課題です。管理組合や、階下にお住まいの方へ確認してから変更しましょう。

無断で変更して、あとでクレームが来るのは悲しいことです。「元の和室に戻して音の問題を解決しろ」などと言われたりすると、住みづらくなるし、管理組合に原状復旧を命じられると余分な時間と費用が掛かります。リフォームなんてしなければよかったなどということになれば何をやっていのかわかりません。

「プロ」と呼ばれる方にもこのことを知らないのか、気にしない人がいるのも事実です。建築士にお願いしてリフォームでフローリングにしたが、階下への騒音問題でトラブルが発生。住みづらくなって引っ越ししたという話を聞いたことがあります。

無難なのは、畳を撤去せず畳の上にフローリングカーペットと呼ばれるものを敷くことです。これは、既存の畳の上に、裏にクッションが付いた板を敷くものなので、工事は簡単だし、音の問題はなくなります。

【図表30　畳の上に根太を転がし合板を載せる】

もし、和室への出入りが引き戸や外開きの開き戸などで、床の高さが上がっても開閉に問題ないのであれば、畳の上に根太や合板を敷いてその上にフローリングやCFシートをはるという方法も考えられます（図表30）。

とても重要なことなので再度述べますが、和室の洋室化はトラブルになりやすいので、音に対する十分な配慮が必要です。

## 6　カーペットを張替える

「床材を張替える工事」は承認が必要です。カーペット張替えには大きく3つの手法があります。

まずは、カーペットをカーペットに取り替える方法。

階下への騒音問題から考えると一番妥当な方法です。普通のカーペットでもいいですが、タイルカーペットと呼ばれる50㎝四方のカーペットに取り替えれば、汚れたときの掃除や取り替えも簡単です。施工は簡単で、並べて敷き詰めるだけ。部屋の隅のほうはカッターナイフ等で切ってサイズ・形状を合わせます。必要に応じて両面テープなどで「ずれ防止」の加工をします。色の違うものを使って、配色を考えてうまく並べるとおしゃれになります。

次にCFシートに替える方法。

カーペットに比べると階下への遮音性が劣る可能性があります。遮音性能をより高めた製品もあるので、そういうものを検討する必要があります。CFシートはカーペットより薄い場合があるので、必要に応じて合板を敷くなどして高さを調整します。

最も気を付けたいのがカーペットをフローリングに替える方法です。

フローリングは音が響きやすいので階下への遮音がポイントになります。安易に選んではいけません。当該マンション管理規約で遮音性能が指定されている場合があります。こちらも遮音性能を高めたものがありますので、より遮音性能の高いものを施工する手もあります。

ただし、遮音性能を高めたものでも、貼り方を間違うとその性能を発揮できません。残念ながらそれを知らない、あるいは無視する業者さんがいるのも事実です。こういったこともマンションリフォームの悩みです。

## 7　防音・断熱性能アップ

すでに出来上がっている建物に、あとから防音・断熱性能を大幅にアップさせようとすると莫大なコストがかかります。ここで述べるのは抜本的な防音・断熱性能向上ではなく、「少しでも」防音・断熱性を向上させようというものです。

古いマンションの場合、外部に面する壁に断熱材が入っていないものや、断熱材が入っていても薄い場合があります。このため、北側の壁が結露したりします。また、お隣に接する壁の室内側や、室内の間仕切

【図表31　結露によるカビ。奥が外部に接した壁。ボードを止めている接着剤の形に結露によるカビ（黒い部分）が発生】

り壁が薄いベニヤ板でできていたりもします。

このような場合は、断熱材や石膏ボードの追加を考えます。既存の壁を剥がしてより性能の高い断熱材を入れてもいいし、既存の壁の上に石膏ボードを貼ったり、角材を打ち付けて断熱材や石膏ボードを追加することも考えられます。ただし、角材を使う場合に小さな空間ができるときは要注意です。小さな空間で音が増幅される場合もあるので、グラスウール等、遮音効果のあるものを入れたほうがいいでしょう（１４４頁の図表40）。

グラスウールという断熱材は、断熱効果の他、吸音性もあります。イメージとしては「頭から布団をかぶる」ような感じです。話し声が少し吸音されるので、若干ながらも防音効果があります。若干ですが、入ってない場合に比べると、その差は意外と期待できます。音の問題は、なかなか難しいですが、少しでも改善を狙うなら、検討する価値はあります。

防音・断熱性能のアップは、リフォーム後の性能向上が期待でき、住みやすさが向上します。特に古いマンションでは効果が期待できます。また、２重窓にすると遮音性、断熱性が向上します。

## 8　間取り変更・間仕切り撤去

昭和の末期、部屋を細かく仕切って部屋数を増やし、60㎡４ＤＫなどというマンションが流行りました。子供が少ない昨今では、部屋数は少なくてもいいから、ゆったり暮らしたいとお考えの方も多いでしょう。こういう場合は間仕切り壁の撤去も考えられます。

マンションの壁は、①鉄筋の入った鉄筋コンクリートの壁、②ブロックの壁、③石膏ボードの壁、④ベニヤ板の壁、などがあります。建物の建設工法にもよりますが、専有部分の②ブロックの壁、③の石膏ボードの壁、④のベニヤ板の壁は撤去しても、「構造上」は問題ありません。

しかし、壁の中には電気、水道、ガスなどの配線・配管が入っている場合があります。これらは安易に撤去してはいけません。

特に火災報知器などの「保安設備」は絶対に撤去してはいけません。

また、アンテナ線などは安易に撤去すると他の部屋のテレビが映らなくなることもあります。

DIYでリフォームを行う場合は、「専有部分であっても壁の中の配線・配管は、切断、撤去しない」を大原則とすることが重要です。

壁を撤去するには、「表面から剥がす」という形をとりましょう。壁を叩いて、裏に間柱のない部分を一部切り取り、少しずつ穴を広げていきます。こうすれば、中の配線・配管等を痛める心配が減ります。石膏ボードや合板を取り外して、電線など何も支障するものがないことを確認して、柱を撤去します。

間取りの変更により、周りの住戸に迷惑が掛からないかよく考えましょう。

例えば、寝室を廊下にする場合や洗濯機や冷蔵庫の置場を変える場合は、隣接の住戸に迷惑が掛からないかよく考えることが重要です。

コラム

## ＤＩＹだから

ＤＩＹは自由に考えることができます。部分的に試してどうするかを決めることもできます。次章４のラミ天井がそうです。

表面塗装がはがれたドア。ペンキを塗るにはガラスに着かないよう養生が必要です。クロスを貼れば簡単でした（図表11）。

古びたミラー。周りのくすみはカッティングシートを貼り、なくなっていた照明カバーはポリカの板で再生。可愛いミラーとなりました（図表12）。

ベニヤ張りトイレの例。そのままでもいいのですが、少し古臭い。クロスを貼るとどうなるか。半分だけクロスを貼って、３日間考え、全部貼ることにしました。業者さんに「半分だけ貼ってください。２～３日考えます」なんてことは言えませんよね（図表14）。

キッチンのタイルが割れていました（図表15）。古い物件なので、同じタイルはありません。全部貼りなおすか、違う色のタイルをデザインを考えて貼るか。あるいはほかの方法を考えるか。ガス台の横だから、防火対策が必要だな。じゃあ、ガス台の横はステンレスを貼って防火対策。でも、その上に小物置があれば便利だな。そこで、余っていたワンバイ材を活用し小物置をつくり、下部にステンレス板を取り付けました。買ったのはステンレスの板だけ。タイルを貼り換えるより安く済み、しかも簡単。そして機能はアップしました。

現状を見て、機能を考え、アイデアを考える。だめならやり直す。そういうチャレンジも自在にできます。考えがピタッと実現できたときの喜び。それもＤＩＹの楽しみです。

# 9章

# 事例１：
# リフレッシュリフォーム

## 1　ストーリーづくり

過日、やや古ぼけたマンションを買い、息子と二人で賃貸用にリフォームしました。普通に古いマンションを買った場合は、この程度のリフォームでかなりきれいになると思います。

この部屋は約60㎡の４ＤＫ。東西に開口部があります（図表32）。

東側に掃き出し窓のついたベランダがあり、６畳和室が2部屋。

西側に玄関とトイレ、廊下はフローリングでコンクリートの床に直貼り。窓のついた4～5畳程度のフローリングの部屋が二つ。

【図表32　間取り例１】

真ん中が風呂と7・5畳のＤＫでフローリング。フローリング部分はおそらく当初はカーペットだったものをフローリングに張り替えたものと推察されます。全体的に古びており、汚れも蓄積していました。

エレベーターなしの5階で高い家賃は取りにくいので、あまりお金をかけずに快適に暮らせるようなリフォームにしたいと考えました。ターゲットは親子3〜4人の家族。リフォームの予算は50万円としました。

快適に暮らすために、東側の眺めの良い和室2室を一つのリビング的なお部屋にし、ここで家族が団らんできるように考えました。また、コンクリート床に直張りのフローリングは床鳴りを取ったうえで、その上にCFシートを貼り、断熱性と防音性のアップを狙うこととしました。

洗面台はシャワーなしのタイプだったので、シャワー付に交換することとしました。

見かけの美しさを取り戻すために壁と天井のクロス全面貼替え、柱、ドア塗装、コンセントカバー交換、エアコン取り付けを実施することとしました。

押入れの襖は壁と同じクロスを貼り、汚れにくさ、破れにくさを狙い、襖の存在感を少なくしようと考えました。

## 2　和室2室を洋室1室に

この部屋で一番居心地の良さそうなのが東側の2室の和室でした。和室の仕切りは襖なので、簡単に取り外せ、取り外せば広く快適な部屋になります。前の所有者は襖を取り外してアコーディオンカーテンを付けていました。

和室は最近はあまり人気ではありません。また、畳を新品に変えても費用がかかるし、数年で経年劣化します。賃貸の場合は入居者が変わるたびに交換するケースが多く、そのたびに表替えなどで費用がかかります。そこで、ＣＦシートを貼ることとしました。せっかくなので、部屋を仕切っていた引き戸と敷居も撤去し、床を一体とした「一部屋」として広々と使えるようにしました（図表8）。

マンションリフォームでトラブルになりやすいのが和室の洋室化です。それは安易な施工の場合、階下への音が大きくなることによります。マンションによっては、床材の防音性能レベルまで指定していることもあります。このマンションの管理規約では和室を洋室にしても問題はありませんでした。他の人もやっており、さらに管理組合に確認しても何の規制もないということでした。施工にあたっては念のために防音・断熱を考慮し、グラスウールをふんだんに入れました（図表33）。

【図表33　和室の洋室化】

根太の下にはゴムパッキン。根太の間にはグラスウールを入れるなどで音の配慮を行う

また、隣の部屋や外部に接する部分には既存の壁の上にもう一枚石膏ボードを重ねて貼り、断熱と防音効果の向上を図りました。

何度も述べますが、和室の洋室化はマンションの場合、トラブルの原因になることもありますので、管理規約を確認し、管理組合に確認を取ったうえで行ってください。

階下の部屋の方にも確認を取っておけばなおよいですね。

## 3　ペンキ塗り

柱が手あかで黒ずんでいました。障子もガラス戸も微妙に日焼けと汚れが目立ち、手あかで黒ずんでいます。こういう場合は薬剤を使ってきれいにする、紙やすりで削ってきれいにする、ペンキやニスを塗ってきれいにする、カッティングシートを貼ってきれいにするという手法が選べます。

この部屋の木材は普通の木材でした。あえて木材の美しさを主張する必要はありません。そうなると、塗装またはカッティングシートという選択肢になります。カッティングシートはデザイン性が高く施工も容易ですが、コスト高になります。そこで塗装することにしました。

柱や襖の枠は同じ色にして統一感を出そうと考えました。色が悩ましいところですが、焦げ茶色にしました。白いクロスに焦げ茶色の柱。個人的にはうまくいったかなと思っています。

引き戸のガラス戸も桟の部分を焦げ茶色に塗装してみました。白い壁とは相性も良く、シックで、案外いい感じに仕上がりました（図表9）。

浴室の脱衣所は木目模様のベニヤ板でしたが、ところどころ削れていたり、小さな穴があいていました。全体的にはそんなに傷んでなかったので、今回はパテを詰めて表面を仕上げて、湿気によるクロスの剥がれを回避するためペンキ塗装としました（図表10）。

併せて天井も塗り替えました。明るい感じにしたかったので、わかりやすく白にし、防カビタイプとしました。

## 4　クロス貼替え

リフレッシュの定番です。クロスを貼替えるだけでかなりきれいな感じになります。明るく飽きが来ない白色とし、普及品タイプを使いコストを下げました。

悩んだのは和室の天井です。薄汚れていて、そのままにしておくと天井だけ薄汚れた悲しい仕上がりになります。

【図表34　ラミ天と実験用のパテ埋め】

この部屋はラミネート天井という、合板にラミネート加工した化粧合板が張ってあり、板と板の間にはくぼみがあります。ペンキを塗ってもくぼみは残るので、違和感のある仕上がりが予想されます。クロスを貼るのが現実的と考えました。

問題はくぼみ。「正しい」施工手順は、くぼみにパテを詰めて平滑に仕上げてクロス貼り。でも、面倒です。何かいい方法はないだろうか。

そこで天井の一部で次の四タイプの工法を施工し、クロスを貼って実験しました。
①くぼみにファイバーテープ（寒冷紗）を貼ってパテを詰めるというオーソドックス手法。
②ファイバーテープを貼って平面にしてパテを詰めずにクロスを貼るという一部手抜き手法。
③ファイバーテープの代わりに障子紙を貼って平面にしてクロスを貼る。
④くぼみのところはクロスを押さえないように注意して貼る。テクニックでカバーし多少の妥協。

【図表35　作業用台を使ってクロス貼り】

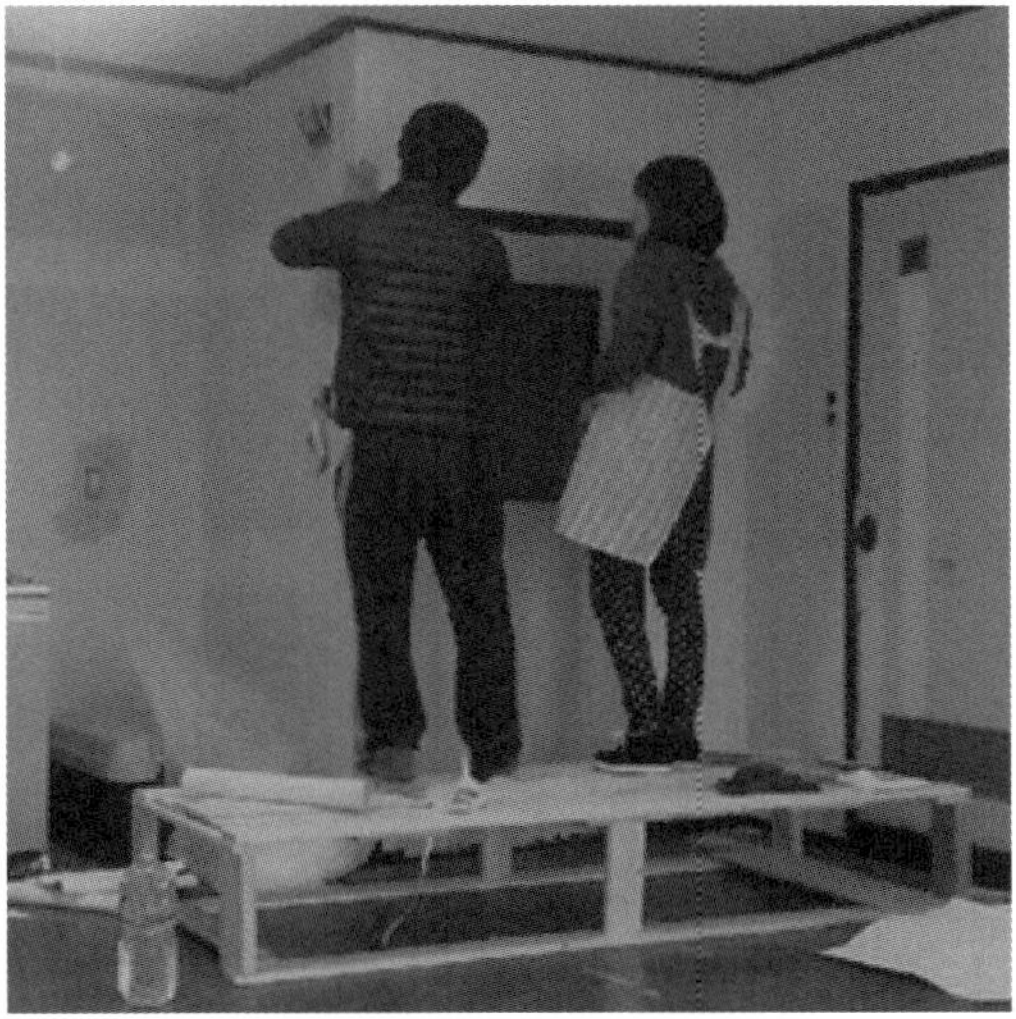

その結果、②③は微妙にラインが出ました。これを消すには幅広くパテを塗ることになり面倒です。④もわずかにラインが出ましたが、クロスが乾くとほとんど気にならないレベルになりました。もともとラミネート天井自体もひずんでいる箇所があり、平滑ではなかったので、④で施工することとしました。

天井にクロスを貼るのはなかなか大変です。今回は70×１６０㎝の作業台をつくってその上に乗って作業しました。やはり台があるとかなり楽になります。

作業する場所にもよりますが、台の大きさ

は幅60㎝、長さ１２０㎝くらいだと廊下でも使え、移動も楽で使いやすいです。

## 5 水回り

洗面台はお湯も出る洗面台で、水とお湯の水栓が二つ付いたタイプです。鏡の部分が古びていたし、シャワーのない洗面台だったので、シャワー付洗面台に交換しました（図表10）。

ワンサイズ大きなものも検討しましたが、既存のコンセントを移設しないと入らないので、そのままのサイズのものとしました。

台所の流しはシンクのステンレスの部分が錆びて水漏れすることもありますが、今回は特に傷んでなく、まだまだ使えそうでした。

流しの扉は見苦しければカッティングシートを貼るときれいになります。また、取っ手の多くはねじ止めなので、扉の裏からねじを外し取っ手を外して掃除します。取り外した取っ手は水で薄めた漂白剤に漬けておくときれいになりますが、材質によってはうまくいかないこともあるので注意が必要です。新品を買ってきて交換するという方法もあります。

流しシンクの下の収納の床が、汚れて見苦しい場合は、ＣＦシートを敷けばきれいになります。しかも若干ですが高級に見えます。パッキン類とトイレタンクは点検後、必要な部分を交換しました。給湯器は新品に交換しました。

給排水管は脱衣所と和室に点検口があり、そこからの交換ができそうだったこと、管理組合で修繕する予定があるということで、交換しませんでした。和室の洋室化に伴い、和室の点検口がCFシートでふさがれるような格好になったので、将来の修繕時にはCFシートの一部を剥がせば点検口が開けられるように根太（床下の角材）をレイアウトしておきました。

【図表36　ドアの上の棚】
・収納を増やすためドア側に棚を取り付け
・ドア以外の部分はカーテンレールでハンガー掛け
・タンスを置くことも可能

## 6　収納

この部屋は収納が豊富だったので、今回は追加しませんでした。

収納の少ない部屋であれば、リフォームに合わせて収納を追加すると作業も簡単だし、壁などと仕上げを合わせることで違和感のない収納をつくることができます。

収納の確保はマンションでは結構重要な問題です。ドアの上・便器の上、脱衣所などは棚をつくってもあまり支障がなく、棚があれば便利です（図表36）。

棚自体は棚板を受ける角材を壁に取り付け、その上に板を載せればできます。棚には扉があったほうが見栄えがいいですが、値段の安い丁番を使って扉を付けるのは、位置調整が結構大変で扉が傾いたり、うまく合わなかったりします。

値段の高い丁番だと調整は簡単ですが、それなりの費用がかかります。考え方次第ですが、カーテンレールを付けてカーテンで目隠ししてもいいですね。7章の7で棚の取り付け方を説明していますので参考にしてください。

押入れは襖でしたが、前述したようにクロスを貼って壁との一体感を目指しました。和室を洋室にするときにこの手法は部屋がすっきりとした感じになるので意外と有効です。

洋室には吊り棚がありました。古くすんだ感じなので、周りのクロスを貼り換えると、ますますみすぼらしく見えます。

扉にカッティングシートを貼って、全体的にきれいになるようにしました（図表37）。

【図表37　吊り棚にカッティングシート】

# 7　ドアまわり

ドアに関しては、塗装、クロス貼り、丁番・ドアノブ交換、クローザー取り付けなどがあります。古くなるとドア自体が傷んできます。傷が入ったり、汚れたりします。パテでへこみを埋め、塗装やクロス貼り、カッティングシート貼りなどでドア自体はきれいになります（図表11）。ドアの横の狭く縦長な部分（ラッチが飛び出る場所で、閉めると枠に隠れるが、開けると見える場所）は、木口テープを貼るときれいになります。

閉まるときはバネで引っ込み、ドアが閉まると開かないように飛び出る金属の部分をラッチといいます。このラッチは長年の使用で機能を失うことがあります。ドアを閉めてもまた開く場合や、ノブの戻りが悪い場合はラッチを換えるか、ドアノブごと交換します。

丁番は長年の使用により、すり減る場合があります。この結果ドアが枠や敷居に当たったりします。この場合は、丁番を取り換えると直りますし、開閉自体もスムーズになります。また、ねじ穴が大きくなって丁番を留めるねじがうまく締まらないときは、ボンドを付けた爪楊枝をねじ穴に打ち込みねじ止めすればうまく止まるようになります。

丁番を換えてもドアがドア周りの枠などに当たる場合があります。原因を探ってもわからない場合、私はドアを削ります。枠を削ると、削りすぎたときの修正が面倒です。また、将来ドアを交換した場合に隙間ができる可能性があります。削るときは将来の補修も考えてみましょう。

上層階で、窓を開けると強風時にドアが勢いよく閉まる場合はドアクローザーを取り付けます。これにより、開けたままの状態を保てるし、閉まるときはゆっくり閉まるので安全性も向上します。

最近のドアクローザーは値段が安くなっているので、検討する価値は高いでしょう。

## 8 CFシート貼り

フローリングが傷んでいる場合、私はCFシートを貼ります。CFシートはクッション性のあるビニールシートで、階下への音を減らす効果があり、断熱効果もあります。しかもデザインや機能が豊富です。また、厚さも選べます。厚めのCFシートは足触りも良く、断熱性・防音性も向上します。最近は断熱性・防音性の高いCFシートもあるので、ショールーム等で確認・検討してみることをおすすめします。

既存のフローリングの上に貼るのであれば、両面テープで貼れば施工は容易で、次回の貼替えも容易です。

今回のこの部屋ではすべての床にCFシートを貼ることとしました。子供がいる家庭では、掃除が楽だし、階下への音が緩和されるので少しはクレームになりにくいはずです。

キッチンは既存のフローリングをそのまま残して、フローリングの上に直貼りして、断熱・防音性能の向上を図りました。

フローリングの床は、コンクリートスラブの上に直接置いてありました。コンクリートスラブは高いところや低いところがあり、低い部分のフローリングは浮いており、歩くとたわんでフローリング同士がこすれて床鳴りしていました。そこで、コンクリートにフローリングの板をねじ止めして床鳴りを留めました。その上にＣＦシートを両面テープで貼って仕上げました。ＣＦシートの分だけ断熱性・防音性が向上したはずです。

## 9　間仕切りをつくる

このマンションは2間続きの和室をひと部屋にしましたが、他のマンションでは逆に2間続きの和室に壁をつくって独立性を高めたことがあります。

その部屋は45㎡２Ｋでした。玄関を入ると風呂、トイレ、キッチンがあり、キッチンの隣に6畳の和室が2間あり、それぞれにキッチンからの入り口がありました。２間続きの和室は襖を外せば広々とした空間になるというオーソドックスな間取りでした。ある程度のプライバシーを保ちながら二人が暮らせる、あるいは友人や家族が来たときに別の部屋でゆっくり寝ることができるように襖を壁に替えて独立性を高めることとしました。

簡単にＤＩＹするために、既存の襖はそのまま残し、その上から合板を貼り、さらに石膏ボードを貼りました。襖に合板を留めたので柱を立てる必要がありません。また、ゴミも発生しません。合板によりある程度の強度を持った壁ができます。その上に石膏ボードを貼ることにより、防音性が若干向上します。若干ですが、襖と比べると大きな違いになります。

また、合板を入れているので、棚を取り付けるのも容易だし、手すりを付けることも可能となります。

この手法であれば、将来、もし元のような形にしたいと考えた場合も原状復旧が容易です。石膏ボードを剥がして、合板を撤去すれば襖が出てきます。ねじで穴があいた襖は、パテ埋めと襖紙張替えにより元に戻せます。

消防装置は付いていませんでしたが、煙感知器をそれぞれの部屋に付けました。

間仕切りをつくる場合は、火災報知機などの法的問題がありますので、違法でないか調べてから施工します。

コラム

# リフォーム代で一部屋買える？

入居者付きで買ったオーナーチェンジ物件。

入居者さんが退去されたので立ち合いに行きました。不動産屋さんが「赤尾さん、中に入らないほうがいいですよ」という。どういう意味だろう？　答えは部屋の中にありました。

カビやゴキブリの強烈な臭いと、凄まじく悪い「気」が部屋中に立ち込めていました。「こんな部屋に住んでいたら、それだけでおかしくなる」そんな部屋でした。

あまりの「気」の悪さにその日の私には窓を開けるのと、何枚かの写真を撮るのが精いっぱいで、早々に退散しました。

小窓を開けたままで換気を図ること３か月。悪臭や悪い「気」が少し抜けたところで、業者さんに見積もりを依頼しました。

この部屋を再生するには、スケルトンリフォームしかないということで、見積りは総額 400 万円弱でした。これには給排水の取替えは入っていません。

「え？　もうひと部屋買えるやん！」当時、他の部屋が 350 万円で売りに出ていたのです。

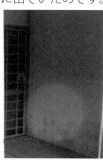

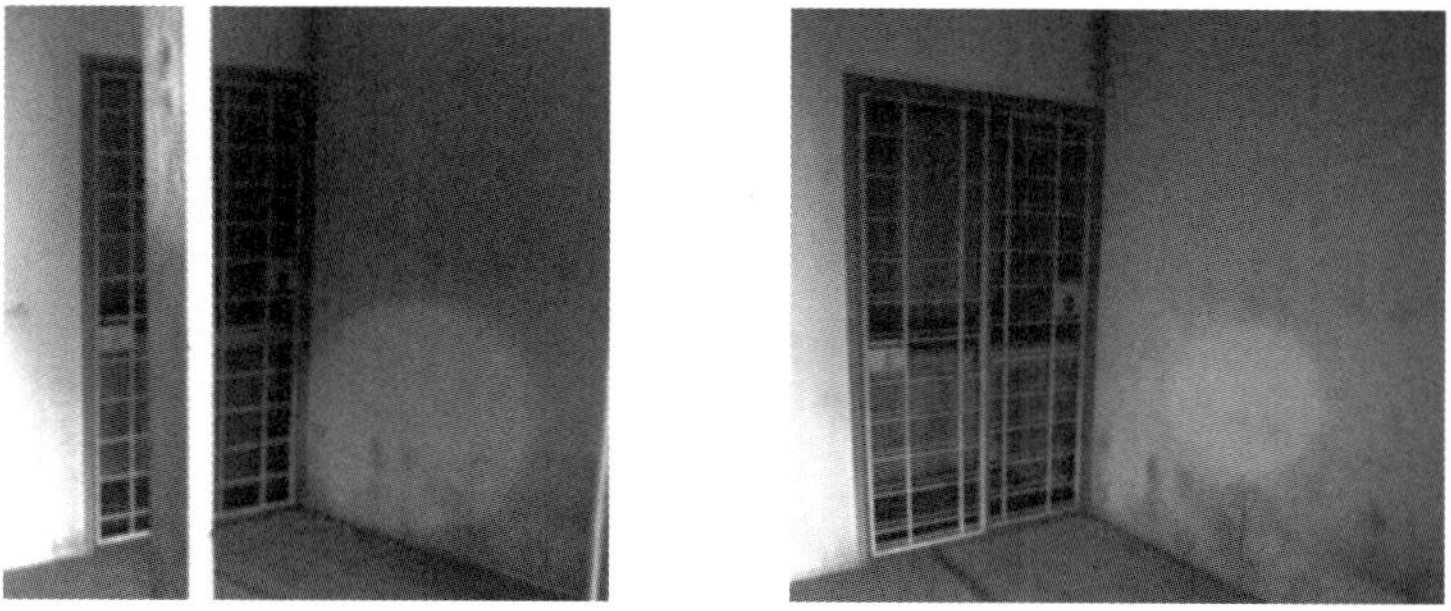

壁に白い丸いものが…

# ＤＩＹは本当に安いのか

赤尾はDIYを楽しんでいます。

思ったように形ができあがることを楽しんでいます。

楽しめた上に、お金が節約できる趣味みたいなものです。だから人件費はタダです。人件費がタダであれば、DIYは大幅なコスト削減が可能となります。

また、DIYを通じていろんなコミュニケーションが生まれ、いろんな人と知り合えます。そして、家族のきずなを強くすることもできます。それは楽しいことだし、人生にとってもプラスです。

しかし、毎日毎日DIYできるわけもなく、他の仕事の片手間に施工するので、毎日続けて施行でき、専門の道具を持ち作業も手慣れたプロに比べるとスピードは遅いし、仕上がりも「プロ」の方が上かもしれません。

賃貸経営の場合は、「DIYで安く済んだ」と単純に喜んではいけません。

施工中の部屋は賃料が入らないからです。逆に言うと、施行中は「得べかりし賃料」をロスしていることになります。

「賃貸経営」という観点から考えると、プロに頼んで早く仕上げるということも考える必要があります。

早く仕上げて、早く賃貸したほうがトータルで考えた場合、「お得」かもしれません。

# 10章

# 事例２：ほぼスケルトンリフォーム

## 1　管理組合との調整

2章で述べた「離婚部屋」のリフォーム。あまりの惨状に、ほぼスケルトンリフォームとなりました。そのまま残したのはバスタブと配線、一部排水管ぐらいでした。

このような大規模なリフォームを行う場合は十分に管理組合と調整をし、左右上下などの迷惑がかかりそうな住戸との調整が重要です。

資材搬入やゴミの搬出に伴う駐車場の確保、共用部分の養生、搬入時間、仮置きの問題など、DIYといえども調整すべき点がたくさんあります。

また、電動工具を使えば大きな音が出るので、できるだけ周りの人の迷惑にならない曜日や時間帯に施工するなどの気配りをする必要があります。この辺りはあらかじめ調整しておけば大きな問題にはならないでしょう。しかし、なんの調整もしてなければ感情がもつれることがあります。

一番気を使わなくてはいけないのが「床材」の変更です。特に畳をフローリングにする場合は階下への配慮が重要です。管理規約には「新築時と同等以上の遮音性の遮音等級○L○○以上」などと定めがあったりします。マンションによっては「フローリング禁止」となっているかもしれません。もし、これらを無視して勝手にフローリングにし、クレームが出た場合は「畳への原状復旧」を命じられるかもしれません。感情的なしこりが残り、生活しづらくなるかもしれません。

また、当該マンション管理規約にこれらの定めがない場合でも、床材の変更等で、他の住戸に影響があると思われるようなリフォームでは、上下左右のお部屋の方とお話して慎重に行いましょう。あらかじめ話を聞いていれば我慢できることでも、何の話もなく施工すると大問題へと発展することもありうる話です。「自分のマンション」であっても、管理規約やルールを無視した勝手なリフォームは許されません。

【図表38　間取り例2】

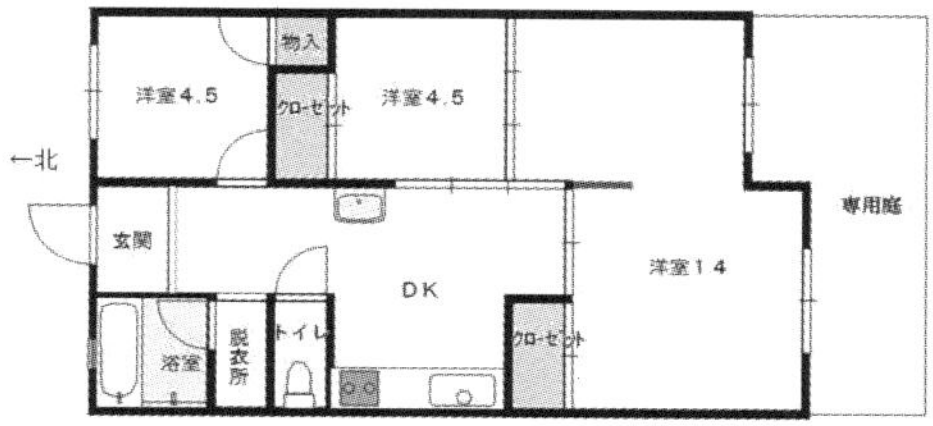


## 2　ストーリーづくり

この部屋は62㎡4ＤＫです。南に庭があり掃き出し窓が付いた6畳和室と、大きめの窓が付いた8畳和室の2部屋、真ん中がダイニングキッチンと窓無し4・5畳和室と洗面台、北側に玄関と風呂・トイレと4・5畳のカーペット敷き洋室がありました（図表38）。

再生ストーリーとして、入居者さんは「割高な家賃だけどその良さがわかるファミリー」とし、夫婦と子供一人の家族を想定しました。家賃から逆算して予算は150万円としました。

北側のカーペット部屋は子供部屋、一番静かな4・5畳の部屋を夫婦の寝室とし、日当たりの良い南側の部屋はリビングとして使ってもらおうと考えました。

北側の部屋は大きな声で話すと頭が痛くなるくらい音響が悪く、話し声がキンキン響いていました。壁に石膏ボードを追加し、床は子供が汚しても簡単に洗えて、部分的交換も容易なタイルカーペットとすることで、断熱性能の向上と音の緩和を図ることとしました。

南側は和室2室を洋室1室にして広々感を出したうえで、DKとの境の襖は明かりが取れる引き戸に変更し、DKへの採光を向上させて、昼のDKを明るくするようにしました。

基本性能の向上を考え、防音・断熱性向上として、外部や隣戸や外部に接するところはグラスウールと石膏ボードを既存の壁に追加しました。また、外部に接する窓は、風呂以外は2重窓としました。システムキッチン・節水型便器・シャンプードレッサーを導入し、賢い主婦に喜んでもらえるようにしました。収納は棚の追加、押入れのクローゼット化により収納力向上、見た目の改善を行いました。給水管は接手の一部に錆が見られたので全部交換しました。

## 3　床張替え

床はCFシートでしたが、もともとの素材もよくなく、凹みが多く、床自体が抜けて穴があいているところもあったので、床と併せて全面張替えとしました（図表39）。

脱衣所と玄関の床板を剥がしてみると、マンションなのにシロアリが居ました。このシロアリは玄関わきのクロスの裏に蟻道（シロアリの通るトンネル）をつくっており、あと30㎝で天井に届くところでした。

脱衣所と玄関はシロアリにやられて根太がなくなっているところもあったので、まずシロアリ駆除を外注しました。業者さんによると、素人が適当に駆除をするとシロアリは一旦いなくなるが、そのあとに別の場所から出てくるので大変なことになるそうです。また、業者さんによって駆除費用に大きな差があるので、数社見積もりを取って話を聞くことが重要です。

シロアリ駆除後、なくなった根太をつくり直し、使えなくなった根太を交換し、さらに根太の本数を増やし間隔を狭くして補強し、床鳴りが発生しにくいようにしました。根太をつくった後で、床板を貼る前に業者さんに「防蟻処理」を依頼します。

床は合板を2重貼りとし、安定感のある床とし、合板自体の継ぎ目の位置もずらして、床鳴り防止を図りました。

脱衣所と玄関及び台所は床下に断熱材を入れたかった

【図表39　ほぼスケルトン】

のですが、見送りました。シロアリは暗く湿ったところを好むというので、少しでも風通しを図り床下の空気を流すためには空間が高いほうがよいと考えました。そうであれば断熱材の厚み分でも空間を確保したいと考えたからです。

床は、作業を効率よくするために合板まで張った状態にします。ペンキ塗り、クロス貼り、システムキッチン取り付け後にＣＦシートを貼って床を仕上げます。最後にＣＦシートを貼ることにより、床の養生の手間が減るし、新しくなった床を傷付ける心配をしなくて済むので作業が楽です。

## 4　天井塗装

このマンションが建築された年代から考えると、天井材にアスベストが使用されてないとは断定できないので、シーラーを塗ったあとでペンキを塗って仕上げました。

天井は吸水性の高い部材でしたので、何度も塗り重ねる必要がありました。

天井にペンキを塗る場合は、ローラーバケに長い柄を付けて塗る方法と、作業台に乗って塗る方法があります。長い柄を付けたローラーバケはペンキを付けるのも大変だし、柄が長いと塗りにくくて疲れます。また、きれいに仕上げるのも難しく大変です。

ファミリータイプで60平米近くあったので、ペンキ塗りの作業量はかなりのものになります。そこでペンキ塗り用にワンバイ材と合板で足場をつくりました。90×１８０㎝の合板をワンバイ材で補強し、それにワンバイ材で足を付け、普通のローラーバケでも天井に届く高さの台とし、台の上でローラーにペンキをつけ、そのまま塗れるようにしました。これを２組つくりました。

２組つくることにより、広い部屋を塗るときは２台並べることで台の移動が不要になります。狭いところなどでは1台だけ使うことができます。足場の移動しやすさ、作業範囲の拡大を狙いましたが、これにより、ペンキ塗りのスピード・安全性・仕上がりの良さが飛躍的に向上しました。

台は、コーススレッド（ワンバイ材に適したねじ）で留め、作業後は解体します。材料は棚などをつくるときに「木材」として使ってもいいし、次回作業に残しておくことも考えられます。

## 5　断熱性能・遮音性能向上

断熱性能、遮音性能は別のものですが、マンションの場合、断熱材や２重窓により、断熱・遮音とも向上することがあります。とはいっても、大幅な向上には費用とコストがかかります。少ない費用であれば、ちょっと向上したかなという感じでしょうか。でも、そのちょっとした差が意外に大きく感じられるのも事実です。特に古いマンションは効果が大きいです。

この部屋は外側に接する壁には軒並みカビが生えていました。これらは結露によるものと考えられます。遮音性能の向上も期待し、間柱を立て、グラスウールを入れ、合板で覆ったうえに、石膏ボードを貼りました。今回は採用しませんでしたが、断熱塗料というものがあり、これも断熱効果

【図表 40　断熱材】

があるようです（図表40）。

薄いベニヤで仕切っただけの壁もあったので、全ての居室の壁に石膏ボードを貼り、より高い防音効果を狙いました。

これらにより部屋は少し狭くなりますが（図表16）、音の問題はかなり改善されます。完成後に見に来られた隣の部屋にお住まいの方は「同じマンションなのに音が全然違う！」とびっくりしていました。安普請のマンションの場合はこの「ちょっとした差」が「大きな差」となるようです。

断熱材で厚くなった壁に合わせて2重窓を取り付けました。追加した内窓を閉めたときと、開けたときでは音の聞こえが明らかに違います。外で子供が大声で騒いでも、あまり気にならないレベルになります。ということは、室内で子供が泣いても、外には聞こえにくくなるということでしょう。赤ちゃんの泣き声が気になる場合は効果があるでしょう。ただし、窓を2重窓にしただけでは、窓からの音の出入りを制限するだけなので、大きな効果は期待できません。

遮音シート、石膏ボード、グラスウール、吸音材などがありますので、それらと併せて施工することでより高い効果が得られます。

# 6　浴室

ここの浴室はプラスチック製の床の上に、バスタブを置き、壁は下のほうの一部がタイル貼り、天井はバスパネルと呼ばれるプラスチックの板が張られていました。カビで黒くなっていたり、ペンキがはがれていたり、床は傷や汚れがいっぱいでした（図表17）。

まずは高圧洗浄機を使い、剥がれかけたペンキや汚れを吹き飛ばしました。次に漂白剤を使ってカビを取りました。カビ取り剤は高価なので、浴室全面に使用すると相当な金額になるからです。漂白剤でもカビはかなりとれます。しかも漂白剤は汚れを取る効果もあるようで、意外ときれいになるし、単価も安いので重宝します。しかし、手が荒れたり、服に着くと「漂白」してしまうし、換気も必要なので注意が必要です。

そのあとに高圧洗浄では取れなかったペンキをヘラで剥がし、防カビのペンキを塗りました。ドアのまわりなど、一部でコーキングがはがれていたので、コーキングを打ちなおしました。

バスタブは垢がすごかったので、ドリルの先にスポンジを付け、磨き粉を付けて根気よく、根気よく、根気よく磨きました。磨くというより「削る」に近かったかもしれませんが。

タイルはバスタブと同じ要領で磨きました。目地は漂白剤を使って清掃しました。

洗い場の床はどうしてもきれいにならなかったので、浴室床用のシートを買って貼りました。最近は断熱性とクッション性のある浴室用床材も市販されていますので、そういったものを貼るのもいいですね。

追い炊きができる給湯機に取り換え、ガス代と水道代も節約できるように考えました。

## 7 トイレ

主婦には節水型が喜ばれるだろう。そう思って節水型に交換しました。今のような「超節水型」ではないので、排水の詰まりもないようで、クレームは来ていません。また、ファミリーなので、長時間トイレを使用しないことはなく、「排水管の中で汚物等が乾いてつまりの原因になる」こともないと思われます。

床のCFシートは貼替えました。壁には板を加工して見切りをつけました。下のほうは汚れやすいので、汚れにくく掃除しやすい防汚クロスを採用しています。見切りから上のほうは当時流行だった消臭・吸湿効果のある「珪藻土」を塗りました（図表13）。

便器の奥の壁は、パイプスペースになっており点検口が付いていました。以前の入居者さんは風が入ることを防ぐためガムテープでふさいでいました。このスペースを活用して棚をつくり、棚の奥に塗装した合板をはめました。普段は合板があるので風が遮られます。点検時には合板を外せば点検口が開くようにつくっています。

入り口のドアの上にも、収納できる棚を取り付けました。

便器の交換は初めてだったのですが、ホームセンターで教えてもらった結果、意外と簡単にできました。ホームセンターはモノを売るだけでなく、こういったノウハウを無償で提供してもらえる場合もあり、ＤＩＹには欠かせません。

マンションの場合、トイレの排水管は便器の後ろに出ていることもあります。一般的に売られている便器は下に排水するタイプが多いと思います。排水管の位置によっては便器を調達するのが難しいのですが、ここは下に排水口が来ていたのでラッキーでした。

## 8　和室の洋室化

この部屋は1階だったので、階下への音の心配はありません。管理組合に確認したところ、床の変更も自由にしていいということだったので、6畳と8畳の和室2室を洋室化し、家族でゆったりくつろげるようにしました。

この部屋は日当たりが良く、昼は気持ちがいいので、広い部屋でゆったりと家族でくつろいでほしいと考えました。

二部屋を仕切る敷居と鴨居を撤去し、天井も床も仕切りのない広々とした感じの明るいリビングに生まれ変わりました。

大きな窓は2重窓にしたので、防音効果もアップしました。

床はCFシートを貼り、コスト削減と掃除のしやすさ、若干の断熱効果を狙い、白系の色とし部屋の明るさを強調することとしました。

畳の下はコンクリートスラブだったのと、湿気がなくシロアリも居なかったので、ここには断熱材を入れました。ワンバイ材を2枚重ねて根太として30㎝ピッチで敷きました。コンクリートはかなり不陸（凸凹）があるので、ゴムパッキンと薄い合板を切ったものをパッキンとして使用しました。根太のつなぎ目は上と下のワンバイ材の端部を少しずらしてねじ止めします。根太と根太の間には、断熱材を入れ、断熱性向上を狙いました。合板は2枚重ねで、他の床と同様に下地の合板と上に重ねる合板は向きを変え、多少ずらして重ね、床鳴りしにくいようにしました。表面をパテで平滑にしたうえでCFシートを両面テープで留めました。シートの継ぎ目はシームラーというものでつなぎ、部屋の隅の取り合い（隙間）は透明のコーキングを打ちました。

## 9　システムキッチン

この部屋の大きなウリというか、目立つのがシステムキッチンです。

料理する人が楽しんでもらえるようにシステムキッチンを入れました。

システムキッチンは、あるリフォーム業者さんの見積もりでは70万円となっていました。ガス・

電気・水道・大工など多くの職人さんが携わるので、その施工管理などの費用もかかるのでしょうか。また、取り外しや廃棄処分料なども結構な費用が見積もってありました。

でも、ＤＩＹで取り付けたので配管などのつなぎ込みも入れて15万円くらいで取り付けられました。このシステムキッチンは大型家具店で見つけたものを約11万円で購入しました。システムキッチンにはプラモデルみたいに、組立手順が図解で書かれた説明書が付いています。これを見ながらプラモデルみたいにくみ上げていくだけです。

システムキッチンを取り付ける前に、給水、給湯、排水、電気、ガスをあらかじめ所定の位置に設置します。これは資格が必要だったり、特殊な工具がいるので、システムキッチンの説明書を業者さんに渡して施工依頼しました。

配管ができれば、あとは所定の位置に所定の部品を置いてねじで止め、配管をつなぎこむだけです。ガスの接続は資格がいるので業者さんに依頼することとなります。

作業は簡単でしたが、換気装置が重いうえに、取り付ける場所が高いので苦労しましたが、三人がかかりで取り付けることができました。

システムキッチンは今回のリフォームの目玉でした。見た目の豪華さで内覧の方に気にいってもらえればいいなと考えていました。

最初に来た内覧の方がおっしゃいました。「システムキッチンは私の夢だったの」

そしてその方が即決され、最後の内覧者となりました。

## 10　その他

給水管だけでなくガス管にも錆があったので、全部交換しました。

押入れをクローゼット化しました。既存の押入れの襖は角材が破損・欠損しており再生不能でした。和室の洋室化に合わせ、クローゼットの扉を付けました。これにより、見た目の向上と、中のものの取り出しやすさが向上しました。押入れの中はクロスを貼り、扉を開けたままにしていても違和感がないようにしました。

洗面台をシャワー付に取り換えました。水しか出ないタイプでしたが、給水管取換工事に併せ、お湯が供給できるようにして、シャワー付きの洗面台にしました。

また、洗面台がダイニングキッチンの隅にあって丸見えだったので、ポリカーボネイトの板を洗面台の横に設置しました。明るさはほぼそのままでＤＫやリビングからの視線を遮れるようにしたうえで、歯ブラシなど小さなものが置ける棚も設置しました。さらに洗面台上部のデッドスペースには棚を設置し、収納スペースとしました。

玄関には棚をつくりつけました。靴のほか、ちょっとしたものが置け、手すりの代わりにもなるように設計しました。棚の下部の板の奥には、将来給水管工事をするときに新しく給水をつなぎかえるパイプスペースを設けました。その他にテレビモニタホン、エアコンを取り付けました。

# 余った材料で

流しに貼ったカッティングシート。多少は余ります。

窓に使ったブラインドタイプのポリカーボネイト。ちょっと余っています。

トイレの横についているミラー。古くなって周りがくすんでいます。しかも照明カバーがなくなって、蛍光灯がむき出し。

こういうのって、ＤＩＹのアイデアの見せ場です。

美しくないところは隠す。

美しいところは見せる。

機能を考え、それを充足するにはどうするか考える。

そして付加価値が出ないか考える。

鏡はものを映せばいい。照明は明るさを出せばいいし、直接よりは間接的にやんわりとというのもいい。

そこで、鏡の周りのくすんだ部分はカッティングシートで隠す。

ピンクのカッティングシートは柔らかな感じのアクセントに。

むき出しの蛍光灯は、ブラインドタイプのポリカーボネイト板でおしゃれにカバー。しかも、ブラインドタイプなので、直接光が当たるのではなくやわらかい感じに。

１円もかけずによみがえったミラー。

ピンクの鏡の縁は「可愛い」と喜ばれ、ピンクの額縁の中の自分は少し綺麗に見えるそうです。

余った材料をアイデアで生かす。

そして、アイデアがばっちり形になる。

これもＤＩＹの喜びの一つです（図表12）。

## ワンバイ材

DIY をするうえで使い方を工夫することにより、効率が一気に上がるものがあります。

その一つがワンバイ材。これはツーバイフォー材の半分の厚みで１インチ×４インチの板ですが、実際の寸法は約 19mm × 89mm となっています。値段もそう高くはないので、長さが 1820mm のものを数本用意しておくと便利です。アイデア次第でいろいろ使えます。

①定規の代わり：１ｍを超える定規は結構高額です。DIY で求められる精度であればワンバイ材で十分かもしれません。

②のこぎりの台：重ねて必要な高さを出して、のこぎりを引くときの台として使います。

③足場板：脚立を二つ並べてそのステップに並べて乗せると足場板代わりになります。

④作業台：合板も使って作業台をつくります。使い終わったらまた木材として使えます。

⑤おもし：クロスを襖に貼るとき、接着剤が乾くまでおもしを載せるとき、必要な重さになるまで枚数を重ねます。

便利なワンバイ材ですが、欠点は「反り」があることです。買うときに反りのないものを選んで買いましょう。目で見て反っていないものを選びます。わかりにくければワンバイ材を２本並べ、２本の板の間に隙間がないか確認します。片方のワンバイ材の裏表を入れ替え隙間がないか見てみます。次にもう一方を同様に裏表をひっくり返して隙間を見ます。隙間のないものがまっすぐなワンバイ材です。

# 11章

# プロに学ぶ。事例紹介

## 1　広いお風呂と収納が欲しい（図表18）

http://bestec.co.jp/private/works/detail/93

①　リフォームの目的

築32年の2LDK52㎡。オーナーは独身女性。ゆったりおしゃれにくつろげる部屋にしたかった。既存の風呂は窮屈なので、ゆったりしたおしゃれで豪華な風呂にしたい。服と靴が多いので、収納の充実を第一に考えたい。玄関にシューズクロークをつくり、すっきりとした玄関としたい。

ベッドルームとリビングを一体として使い、友達が来たときはベッドルームが見えないようにしてプライバシーが確保したい。

お気に入りの家具があるので、これを大切に使いたい。その一方で設置したときの見た目もきれいにしたい。特に家具の上のホコリが見えるのが嫌いなので何とかしたい。

②　施工内容

1LDKに間取りを変更しフルリノベーション。

ウォークインクローゼットとシューズクロークを設け、十分な収納を確保。

玄関、リビング、寝室、ウオークインクローゼットへと移動しやすい導線を確保。

【図表41　広いお風呂と収納が欲しい】

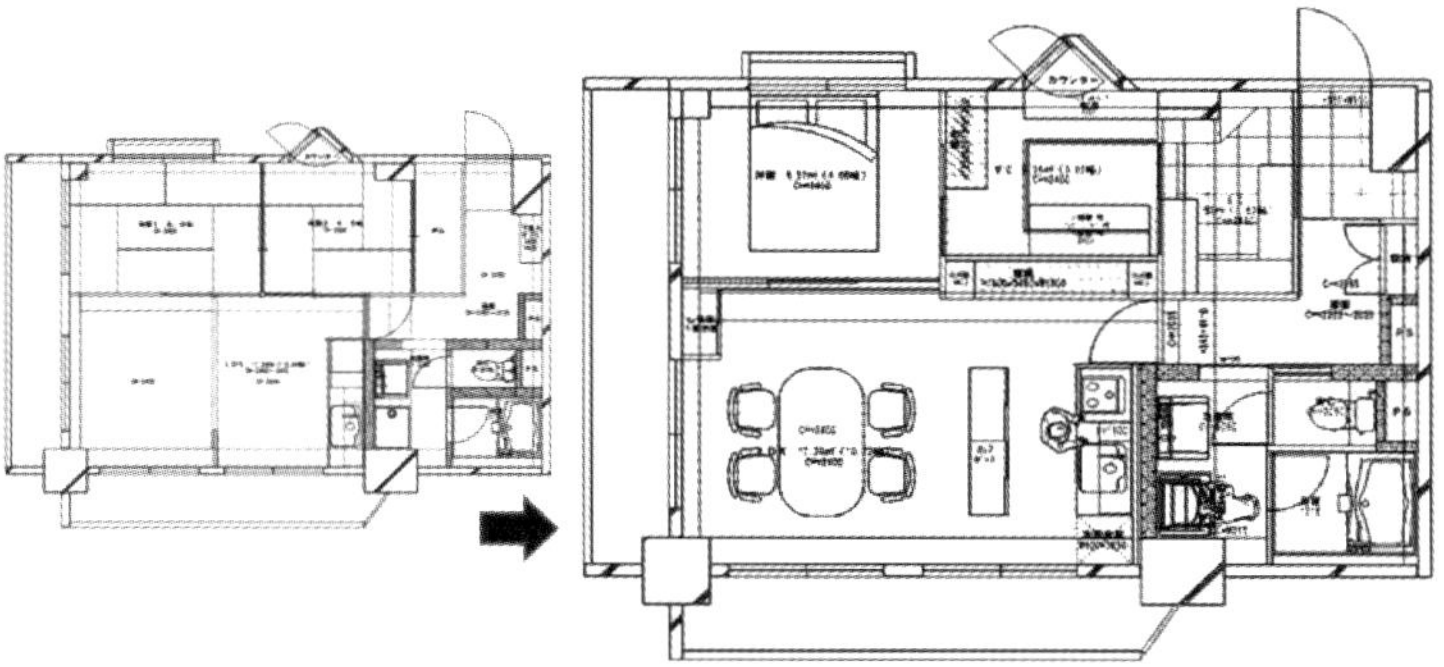

工期60日、工事費525万円

③　施工上のポイント

・浴室

オーナーこだわりの豪華なユニットバスを入れるため、既存の壁を変更。強度計算上は不要なコンクリートブロックの壁を撤去。さらに、隣接トイレの壁はペーパーホルダーの位置をくぼませ、一回り大きなユニットバスを導入可能とした。

・収納

玄関周りをすっきりさせ、たくさんの靴を収納するため玄関に2畳弱のシューズクローゼット設置。これに隣接して3畳分のウオークインクローゼットを配置。たくさんの服が置けるようにした。ウオークインクローゼット奥には扉を付けて、隣接する寝室への動線を確保した。

・システムキッチン導入+カウンター設置

こだわりのシステムキッチンを設置。隣接して食事が楽しめるカウンターを設けた。これにより利便性・実用性を確保、気軽に友達と食事を楽しめるようにした。

・家具収納スペース確保

お気に入りの家具をビルトインふうに設置。上部を固定し、地震時の転倒防止と見た目を考慮した。上部にカバーを付けることで家具の上にホコリがたまらないようにした。

④ オーナーの感想

要望をすべて満たしてくれた上に、地震時の安全性まで向上していただき満足。疲れて帰ったときにそのままベッドに一直線で行けるのがありがたい。友達が来ても寝室のプライバシーが保てるのはとてもいい。

アイランド型キッチンは、構造上の制約で実現不可能だった。代替案として「カウンター」を付けてくれたことで、「会話しながら料理ができる」ので、満足。

## 2 家賃30％アップで即決。漆喰白壁の部屋（図表19）

http://bestec.co.jp/owner/works/detail/141

① リフォームの目的

築25年の賃貸用1R23㎡。入居促進のためのデザインリフォーム。予算を下げるため部分的に特徴を持たせたい。なるべくモノを持たないシンプルな生活を好む現代の20代の若者向が好むようにしたい。

【図表 42　家賃 30%アップで即決。漆喰白壁の部屋】

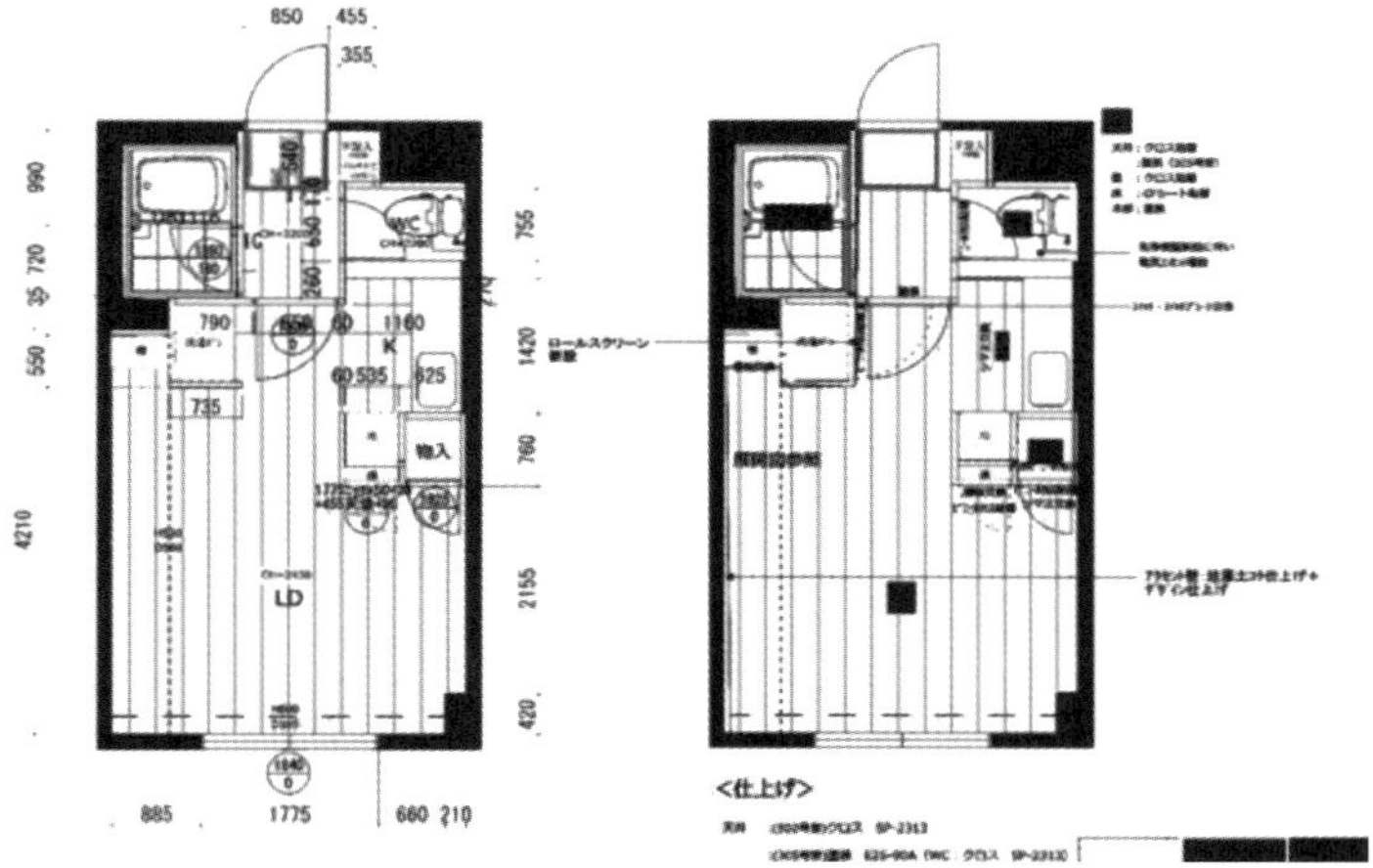


② 施工内容

クロス貼替え、フローリング貼替え、塗装、一部壁に漆喰施工。工期7日、工事費50万円

③ 施工上のポイント

ドアと壁の境をアクセントとして強調した。ポイントになる色として、同じ建物内の他の部屋では白、赤のアクセント色としたので、この部屋はブルーとした。必要最小限の塗装で、部屋のイメージを強調させた。

明るい感じになるように漆喰の壁をつくった。漆喰を厚く塗った壁は調湿効果があり、気分も和らげる効果も期待。単調な壁にアクセントをつけるために部屋番号を入れた。

床は自然素材にこだわり、既存のフローリングの上に無垢のフローリングを上貼り、下の階への防音を考慮したうえで、廃棄材料を減らしてコスト削減を図った。

④　オーナーの感想

客付けが難しいエリアで3万円の部屋だったが、30％アップし3・9万円で募集したが即決して良かった。

## 3　ゆったりとした開放感に満ちた、静かで暮らしやすい住まいへ（図表20）

http://bestec.co.jp/private/works/detail/239

①　リフォームの目的

築30年の5ＬＤＫ。間仕切があるために、部屋が窮屈。広々と使いたい。キッチンを奥さん好みに変えたい。しっかりとした和室をつくりたい。

②　施工内容

間仕切解体、フローリング貼替え、クロス貼替え、塗装、キッチン交換、和室「床の間」新設、内窓設置。

工期45日。

③　施工上のポイント

ダイニングとして使っていた部屋とその奥の洋室の間仕切りを解体して、広々とＬＤＫで使えるようにした。システムキッチンは国産メーカーの最上級キッチンを設置。

【図表43　ゆったりとした開放感に満ちた、静かで暮らしやすい住まいへ】

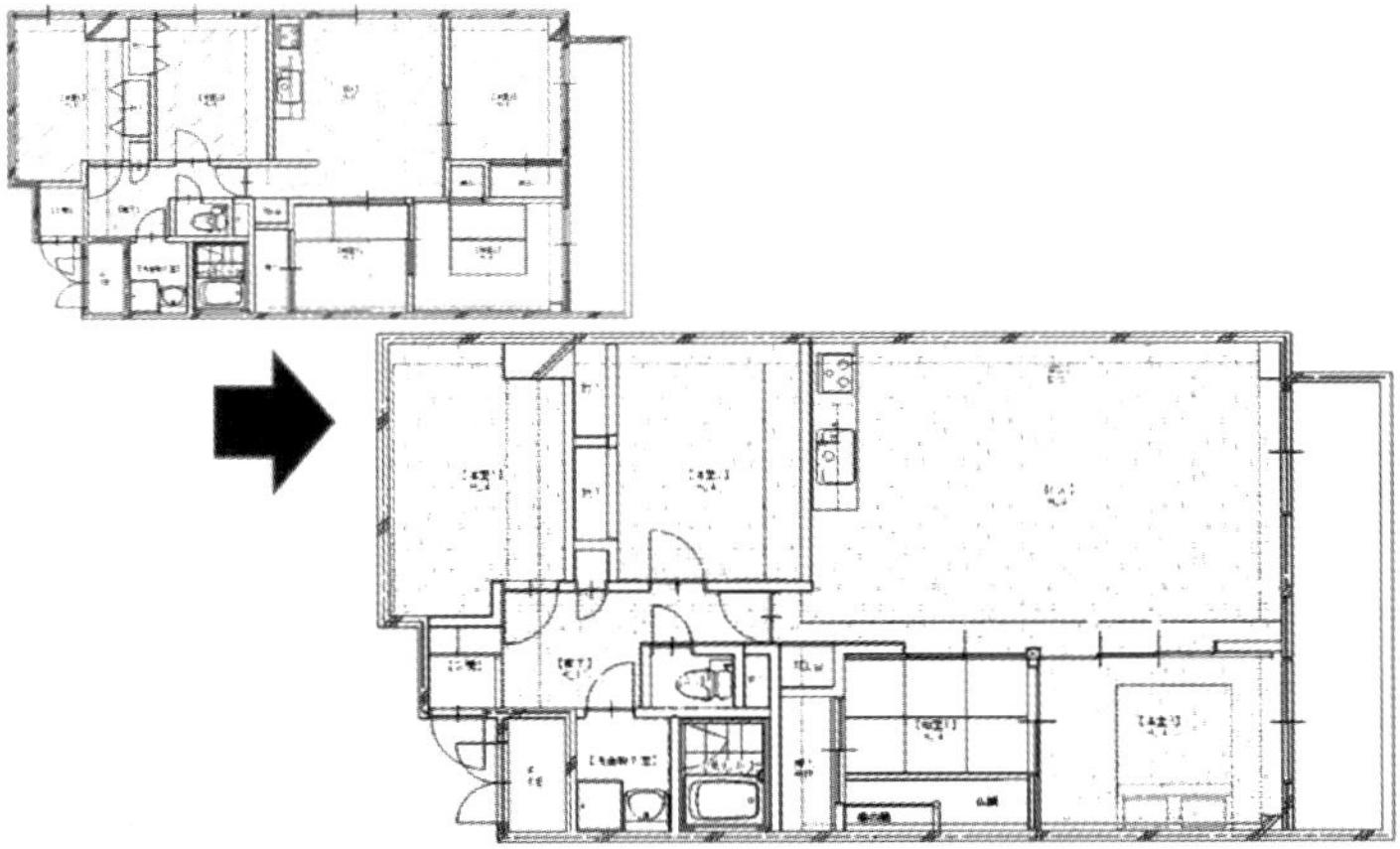

フローリングは国産メーカーで、とても足ざわりのよいものを選定。

寝室を3枚引き戸で引き込めるようにし、リビングとつながった空間として使えるようにした。

和室にはこだわり、しっかりとした床の間を造った。和室もリビングとつながり広々感を演出。

隣接の洋室は間仕切を解体し、引き戸3枚に変更。広く使えるようにした。

長年使用した愛着のある食器棚は、台輪をカットして梁下におさまるようにした。

内窓を新設し2重窓とした。これにより、暖かく静かな暮らしを実現。

④　オーナーの感想

リビングの間仕切りを撤去したので、広々とした感じになった。和室は床の間を新設。念願のこだわりの和室となった。

## 4 家賃が5・5万円から7万円に27%アップ（図表21）

http://bestec.co.jp/owner/works/detail/53

① リフォームの目的

築37年エレベーターなし4階3DK（55㎡・和室3部屋）の賃貸用マンション。

2年間空室。差別化するために、入居予定者の希望を取り入れたリノベーションをした。

② 施工内容

3DKを2LDK＋ウオークインクローゼットにリノベーション。キッチンカウンターと洗面化粧台には外国製を採用。洗面化粧台の正面に位置する鏡は入居者のお気に入りの鏡。その雰囲気に合うように、サニタリーのクロスは入居者に選んでもらった。

畳は正方形ので持ち運び可能とし、子供が遊ぶときは畳を敷いて遊び、来客時は畳を撤去しフローリングとして使えるようにした。また、すぐに仕舞えるように、扉のない収納を洋室に設けた。扉のない収納は、夜灯りをつけると間接照明としても使用可能。

③ 施工上のポイント

予算の都合で、フルスケルトンにしてすべて新しくすることはできなかった。古さと新設部分の融合のバランスがポイントとなった。例えばトイレは古いままで、壁を便器の色（ブルー）に合う

【図表44　家賃が5.5万円から7万円に27%アップ】

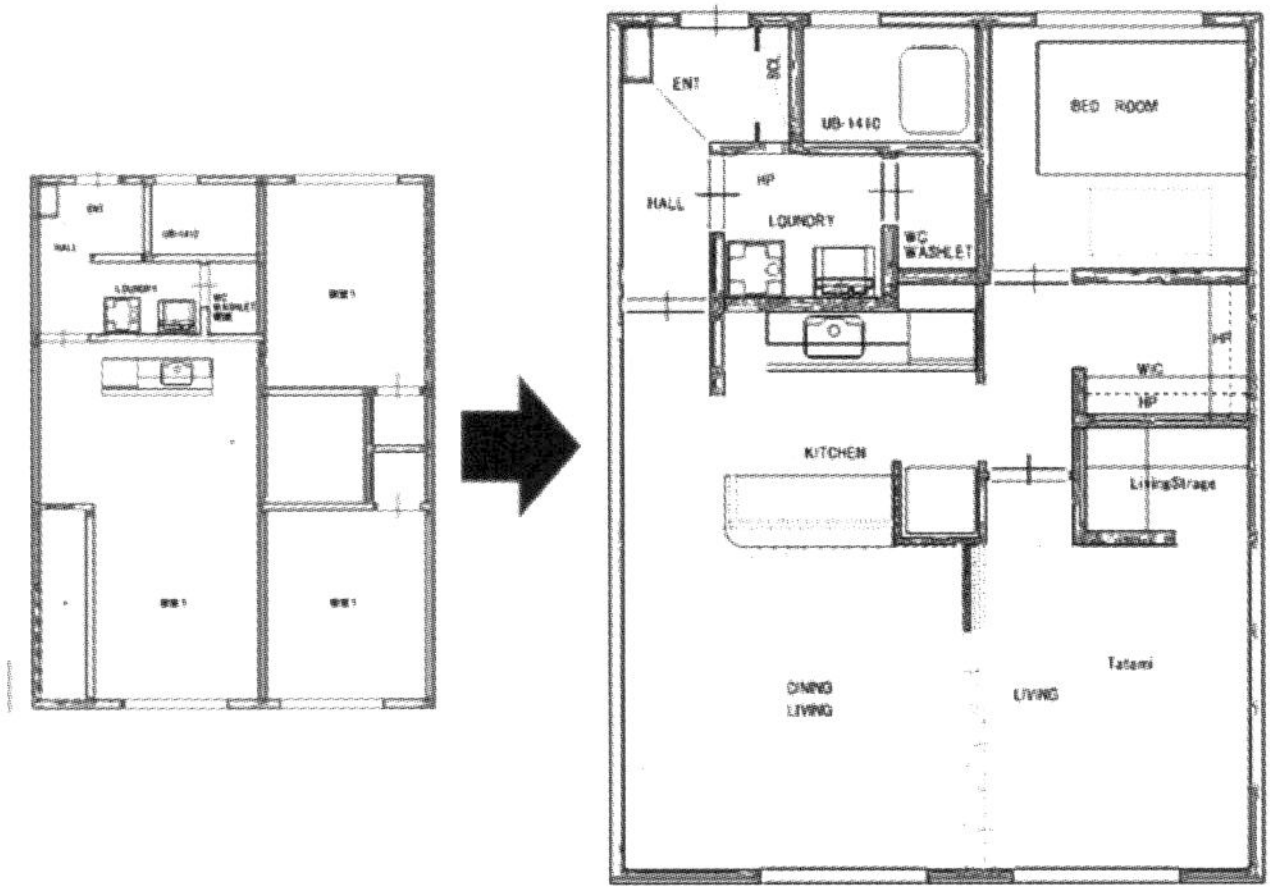


淡いイエローとするなどの工夫をした。

④　オーナーの感想

家賃27％アップ。あらかじめ入居者の要望を聞いたことで入居者の満足度が高く、オーナーも満足。

## 5　使い勝手と収納を重視したキッチン（図表22）

http://bestec.co.jp/private/works/detail/86

①　リフォームの目的

築35年の３ＤＫ77㎡。オーナーは独身女性。両親が来たときに泊まりやすい部屋としたい。

将来両親が介護状態となっても気軽に遊びに来れるようバリアフリーとしたい。水回りの床は傷がつきにくいタイル貼りとして、掃除を楽にしたい。

②　施工内容

２ＬＤＫに間取りを変更し、フルリノベーション

工期60日、工事費750万円

③　施工上のポイント

・浴室：コンクリートブロックの壁を撤去、一回り大きなユニットバスを導入可能とした。こだわりのオーバル型の特注のユニットバスを設置、ゆったりとした風呂に入れるようにした。

・トイレ：既存壁を撤去し、便器の配置を変えトイレ自体を広くし、ゆったりとした空間とした。時折遊びに来る両親が、もし介助が必要になったときに楽に介助できるようにした。

・LDK：キッチンは対面式のシステムキッチンとした。これに伴いバルコニー側の2部屋を広々としたリビングにした。来客時2つの3枚引き戸（合計6枚）で寝室を仕切ることができる。一人のときは引き戸をフルオープンにすれば広いLDKが現れるようにした。

・寝室：リビングのあった場所に移設。ウオークインクローゼットを隣接させ利便性を確保した。引き戸全てを閉め切っても明るさを感じられるように、ポリカーボネイトの引き戸を使用。

・洋室：玄関わきの洋室は小さくして、バリアフリーのために廊下を広くした。

・玄関：靴やブーツを履くときは、オリジナルのベンチに腰かけてブーツなどを両手で履けるようにした。手荷物を置けるスペースもオリジナルで設置。

・収納：寝室に2畳分のウオークインクローゼット設置。お掃除ロボットの専用の充電基地を設け

【図表45　使い勝手と収納を重視したキッチン】

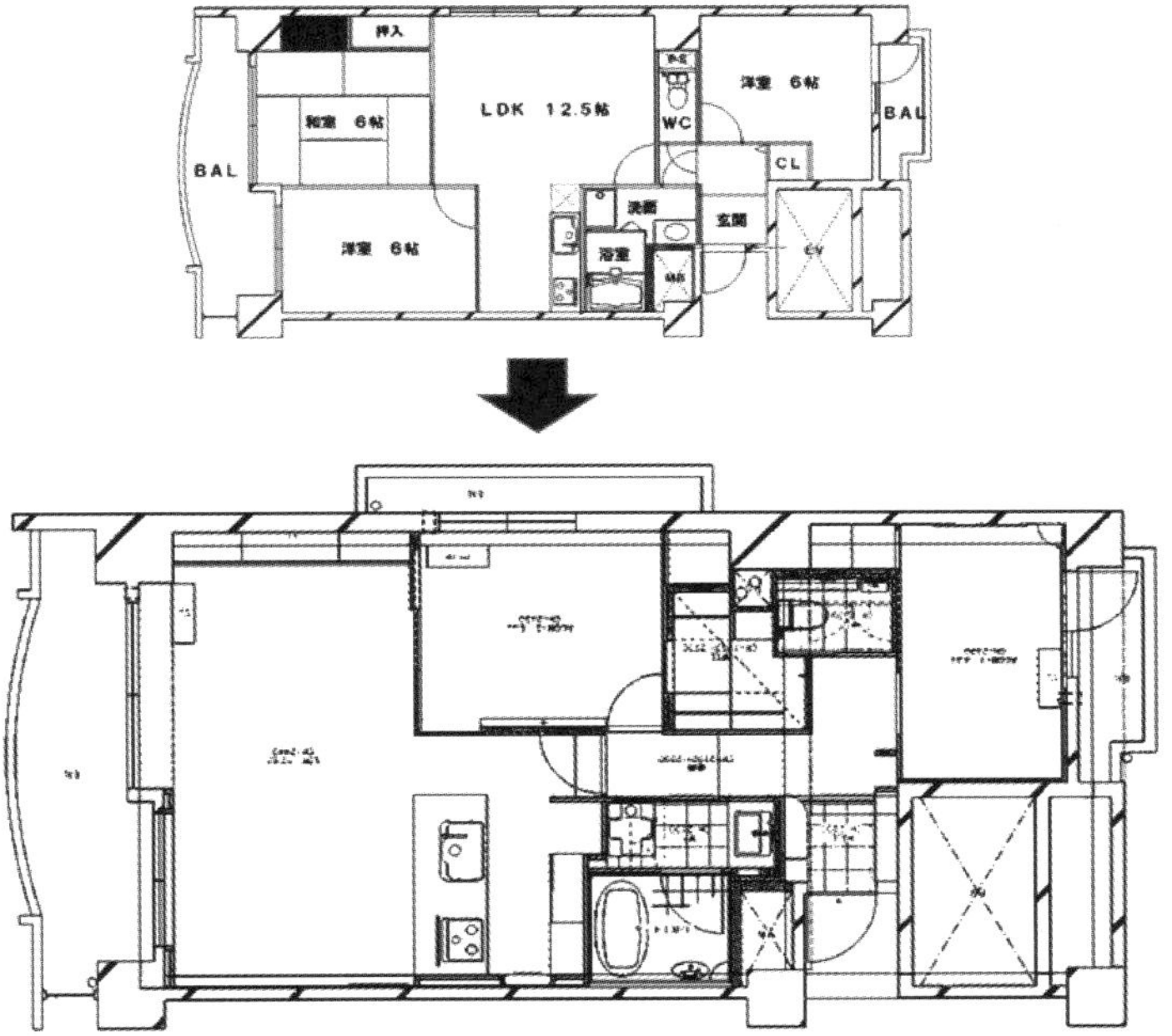


た。

・洗面台：車いすでも使いやすい洗面台に変更。サイズも大きくした。

・バリアフリー：両親が来たときのことを考え、配管を工夫しバリアフリーとした。配管を入れる空間を活用して小物入れをつくった。

・廊下：将来親と同居したときに手摺を設置できるようにと、必要な壁には下地を埋め込んだ。

④　オーナーの感想

要望を上手に引き出し、それを全て受け入れてくれた。投げかけた要望も、その場では絶対に否定せず検討してくれた。

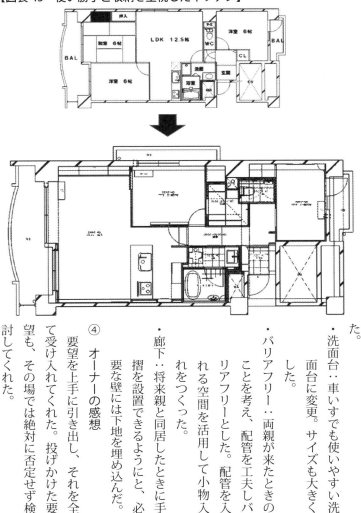

コラム

## 賃貸用のリフォーム

手間をかけずに家賃アップを狙いたい。大家ならだれでも考えることです。賃貸はある程度は妥協の上に成り立っています。

どこで妥協するか。手間をかけずに家賃を下げてそのまま賃貸。少し手を入れてそれなりの家賃で賃貸。コストをかけて高い賃料をもらう。いずれも大家の自由です。また、そこを見極めるのが大家力です。

そういう中で図表３のプチリフォームは成功事例といえます。

まずは入居者さんの姿を考える。その方にいくらで貸したいか考える。そのためにはどこまでをリフォームするか。どこを業者さんに依頼するのか、４章のリフォーム計画の考え方に沿ってストーリーを考えます。

そして、施工順序を考えます。手戻りが少なく、最も重要と思う場所から順番に、一つひとつ完成させていきます。

内覧者が来て、「この状態でいいから賃料をこれくらいにしてくれないか」という話があれば、その時点でリフォーム終了という考え方もアリです。図表３のプチリフォームでは、交換するかしないか悩んだクロスは、貼替えなくても賃料アップが得られました。オーナーとしては問題があるかなと考えていたクロスですが、入居希望者さんは問題ないと考えました。

ストーリーを考え、順番を付けてリフォームしていくことで、クロスの貼り替えは省略でき、その分安いコストで客付けに成功しました。リフォームはストーリーが大事ということを証明したリフォームでした。

# ＤＩＹのノウハウを学ぶ

DIY のノウハウの学び方を書いてみます。

①考えを書物に学ぶ

考え方を学ぶには、やはり書物が一番いいと思います。DIY に関する本、私の個人的なおすすめは次の２冊。いずれもセルバ出版です。

・DIY 賃貸セルフリフォーム＆リノベでファン・ファン・ファン

・戸建の DIY 再生による不動産投資

ひととおり読んで、考え方を整理しましょう。

②やり方をインターネットに学ぶ

例えばクロスの貼り方が知りたいとき、「クロスの貼り方」でネット検索すれば、いろんなやり方が出てきます。

トイレのフロートバルブを探すときは「タンクの品番」を入れると詳細が出てきます。

やり方はインターネットで簡単に検索できます。

③情報をフェイスブックに学ぶ

フェイスブックでも情報発信している事例がたくさんあります。

赤尾自身も「DIY 賃貸セルフリフォーム＆リノベでファン・ファン・ファン」というページで情報発信しています。

また、「ＤＩＹを楽しむ会」というページでは情報交換や相談、ＤＩＹ自慢の場を提供しています。

いずれにせよ、フェイスブックやインターネットでたくさんの情報が簡単に手に入ります。

DIY、やらない理由はないと思います。

## おわりに

古いマンションが増えてきています。古い物件は相応に室内も傷んでいて、室内が荒れているものは、見た目が悪く敬遠されがちです。そして業者さんによる原状回復の費用を考えると高く売れません。エレベーターなしの5階部分などは激安と言ってもよい値段で売られたりしています。

しかし、リフォームをＤＩＹで楽しめる人にとっては、狙い目な物件です。

「安く買えて、ＤＩＹリフォームが楽しめる」優良物件です。ＤＩＹを楽しめれば、安く買えて、楽しめて、家族や友達との思い出も残るし、いいことづくめです。

ＤＩＹを楽しむには障害はありません。今はインターネットが普及しているので、やり方はすぐに検索できて、動画で実演してくれているものもあるので、真似をするのも容易です。部品の品番で検索すれば取り付け説明書までネットで手に入れることができます。

「そうは言っても、私は不器用だから」などとしり込みしていませんか。フェイスブックが広まるにつれ、ＤＩＹ仲間をつくるのは容易になっていて、どうしてもわからない人はそういう仲間から指導を仰ぐのも容易です。ＤＩＹを通じて素敵な友と出会うことも可能になりました。

ＤＩＹを通じてコミュニティを図れるように、赤尾はフェイスブックで二つのページを運営しています。

一つは、赤尾のノウハウ公開的なページで「ＤＩＹ賃貸セルフリフォーム&リノベでファン・ファ

ン・ファン」。誰でも自由に見ることができます。

もう一つは、お互いに情報交換や自慢ができたり、アドバイスを求めたりする、「ＤＩＹを楽しむ会」。登録した人だけが閲覧、書き込みができるようになっていて、平成28年末現在で２５０名の登録があります。参加希望の人は「グループに参加」というボタンをクリックしていただき、主催者が承認すれば閲覧・投稿ができるようになっています。ぜひ、一緒に楽しみましょう！

スマホやネットゲームの影響で、家族と会話できるチャンスは少ない時代になってきました。そういう中で家族とＤＩＹすることで会話ができるし、思い出も残ります。親として息子たちに伝えたいことを緩やかに語る場にもなります。

すべてをＤＩＹでやる必要などありません。楽しめる部分だけ楽しんで、それ以外はプロにお任せしてもいいのです。本書が、ＤＩＹを楽しむきっかけになり、家族や友人とのコミュニケーションのきっかけになれば幸いです。

本書を執筆するにあたって、マンション管理士事務所ふじの　藤野雅子代表、マンション管理の株式会社タイト綜合管理　岸本幸児代表取締役社長に監修をいただいたことを深く感謝します。

赤尾　宣幸
竹嶋　健生

## 著者略歴

### 赤尾　宣幸（あかお　のぶゆき）

Ｈ８年に独学で DIY を開始。当初は、ウッドデッキや棚など、日曜大工的なものに取り組んだ。Ｈ５年今でいうサラリーマン大家となる。Ｈ 10 年から競売で落札したマンションをリフォームして賃貸することを始めた。経費削減のためにできるだけ DIY でと考えたが、わからないことばかり。DIY の本は少なく、インターネットもまだ普及しておらず、図書館で専門書を読んで、DIY の知識やノウハウを積み重ねた。そうして仕上げた最初の物件は相場よりやや高い賃料で、すぐ入居者が決まった。会社では上司に否定され続けていたが、DIY は自分が好きなようにできる。それが自己実現の場となり喜びを覚えた。オーナーチェンジの離婚部屋では、あまりのひどさに愕然とするが、ほぼスケルトンの DIY リフォームを行い、相場より１割高い家賃を実現。現在はマンション、戸建て、アパートまで、資格の必要なこと以外は DIY している。また、DIY を楽しみ、人生を豊かにしていくために FB で情報発信・情報交換している。FB ページ DIY 賃貸セルフリフォーム＆リノベでファン・ファン・ファンで情報発信を行い、FB 秘密のグループでは DIY を楽しむ会を主宰し、情報交換している。セミナー講師として DIY の楽しみ方も広めている。
著書に、実録競売マンション経営（ペンネーム山田一）鳥影社、DIY 賃貸セルフリフォーム＆リノベでファン・ファン・ファン、小規模介護事業の経営がわかる本、介護で苦しまない！クスリフリーとバリアありーを考える（セルバ出版）がある。

### 竹嶋　健生（たけしま　けんしょう）

株式会社ベスティック 代表取締役。当社は、2000 年に設立されました。設立以来、地域に愛され、必要とされる企業でありたいと考えています。

　例えば街を歩いていたら、地域の方々から気軽に声をかけていただけるような、「地域の人と人とのつながりで成り立つ会社」でありたいと考えています。

住まいの悩みがあったら、BESTEC に相談しよう、と思っていただけるような存在を目指し、社員のみんなと一緒になって日々の活動に取り組んでおります。


建築許可番号・一級建築士事務所　福岡県県知事登録　第 1-60093 号
・建築工事業　福岡県知事許可 (般・22) 第 94632 号
・宅建業免許番号・福岡県知事（1）第 17933 号
所属協会：（公社）福岡県宅地建物取引業協会　815-0082 福岡市南区大楠 3 丁目 3-10
HP: http://bestec.co.jp/company/


これでばっちり！　マンションＤＩＹ・リフォームを楽しもう

2017年１月17日　初版発行　2021年 10 月13日　第２刷発行

著　者　赤尾　宣幸　©Nobuyuki　Akao
　　　　竹嶋　健生　©Kensyo　Takeshima

発行人　森　　忠順

発行所　株式会社 セルバ出版
〒 113-0034
東京都文京区湯島１丁目 12 番６号 高関ビル５Ｂ
☎ 03（5812）1178　FAX 03（5812）1188
http://www.seluba.co.jp/

発　売　株式会社 創英社／三省堂書店
〒 101-0051
東京都千代田区神田神保町１丁目１番地
☎ 03（3291）2295　FAX 03（3292）7687

印刷・製本　モリモト印刷株式会社





Printed in JAPAN
ISBN978-4-86367-312－0